谨以此书

献给我的母校——江苏省新海高级中学、苏州大学。

并纪念我大学毕业和从事教育工作三十年。

李宏伟

二〇一四年春节

大道普爱

一位中学校长的教育理想与办学追求

李宏伟○著

苏州大学出版社
Soochow University Press

图书在版编目(CIP)数据

大道普爱：一位中学校长的教育理想与办学追求 / 李宏伟著. —苏州：苏州大学出版社，2014.3
ISBN 978-7-5672-0810-0

Ⅰ.①大… Ⅱ.①李… Ⅲ.①中学—教育工作—研究 Ⅳ.①G63

中国版本图书馆 CIP 数据核字(2014)第 038913 号

书　　名：大道普爱——一位中学校长的教育理想与办学追求

著　　者：李宏伟
策　　划：刘　海
责任编辑：刘　海
装帧设计：刘　俊

出版发行：苏州大学出版社(Soochow University Press)
出 版 人：张建初
社　　址：苏州市十梓街 1 号　邮编：215006
印　　刷：苏州市大元印务有限公司
网　　址：www.sudapress.com
E-mail　：Liuwang@suda.edu.cn　　QQ：64826224
邮购热线：0512-67480030
销售热线：0512-65225020

开　　本：700 mm×1 000 mm　1/16　印张：15.5　字数：19.3 千
版　　次：2014 年 3 月第 1 版
印　　次：2014 年 3 月第 1 次印刷
书　　号：ISBN 978-7-5672-0810-0
定　　价：58.00 元

目 录

自 序 …… 1

第一章 教育真谛：大道普爱 …… 1

第一节 普爱而不偏爱 …… 2

第二节 普爱而不滥爱 …… 10

第三节 普爱而不溺爱 …… 20

第二章 教育境界：培育教师的普爱自觉 …… 23

第一节 普爱是一种崇高的精神追求 …… 24

第二节 普爱是一种强大的行动能力 …… 55

第三节 普爱是一种温暖的人文情怀 …… 64

第三章 教育追求：让学生传递爱的火炬 …… 75

第一节 唤醒学生爱的意识 …… 75

第二节 提高学生爱的能力 …… 82

第三节 提升学生爱的境界 …… 86

第四章 教育践行：让爱的光芒普照校园 …… 92

第一节 在管理制度中体现普爱精神 …… 92

第二节 在校本课程中培养普爱智慧 …… 107

第三节 在课题研究中弘扬普爱文化 …… 130

第四节 在实践活动中养成普爱自觉 …… 139

第五节 在文化建设中践行普爱追求 …… 153

第五章 教育成效:在普爱的阳光下成长 …… 158
第一节 推动了教师的成长提升 …… 158
第二节 促进了学生的健康发展 …… 173
第三节 营造了校园的和谐人文氛围 …… 182
第四节 形成了社区的普爱氛围 …… 187
结束语 …… 191
附录(一) …… 192
·媒体采访· 李宏伟教育思想研讨会在西安举办 …… 192
附录(二) …… 199
"人民教育家论坛·李宏伟教育思想研讨会"实录 …… 199
附录(三) …… 225
围绕"普爱教育"主题已发表的部分论文目录 …… 225
附录(四) …… 226
教育大业:我的追求 我的梦想 …… 226
后 记 …… 230

自 序

确立“普爱教育”思想，应该说是出于“缘分”，这其中包括我与新海高中的缘分，新海高中与“普爱教育”的缘分。

1975 年，我曾经以一名学子的身份在新海读书，由此开启了我的中学生涯；1984 年，我又以一名教师的身份在新海教书，践行着我的教育追求；如今我则是以一名校长的身份在新海继续追逐那份教育的理想。从学生到教师再到校长，在这个过程中，我一直受到底蕴丰厚的新海历史文化的滋养，我的血脉中流淌着新海连绵不绝、历久弥新的普爱和行健精神。也正是因为如此，我才逐渐形成了“普爱教育”思想。可以说我的教育思想启蒙于新海，发源于新海，凝炼于新海，也发展于新海。

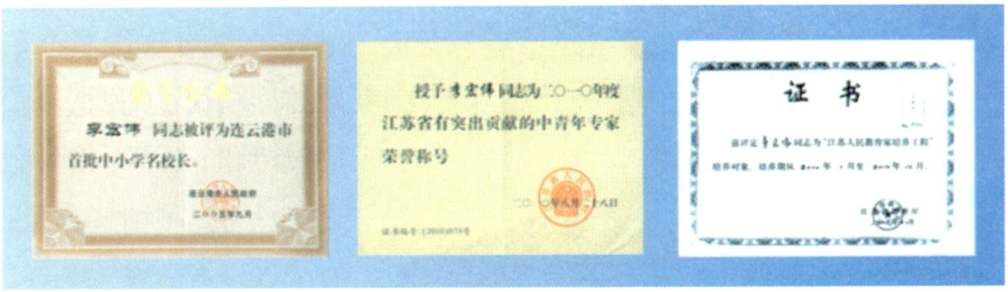

尽管对于教育是什么这个问题，古往今来不同的学者有着各自的理解，但无论怎样解读，都体现了一种最基本的思想：教育的根本目的是关注"人"、培养"人"。周国平先生在谈到教育时，曾表达过这样的意思：教育就是生活上的照料，情感上的呵护，视野上的拓展。这是从教育的功能与目的角度考虑，也是从教育的对象角度进行的思考。事实上，教育活动的主体是"人"，人是有情感的动物，而"爱"则是最基本、也是最核心的一种人类情感，因此教育活动中必须包含"爱"。

古今中外的思想家、教育家们留下了大量关于"爱"与"教育"之关系问题的论述。在以孔子为代表的儒家学说中，"爱"是儒家教育思想的核心。樊迟问"仁"，子曰："爱人。"问"知"，子曰："知人。"孟子继承了孔子的"仁爱"思想，提出"仁者爱人"。陶行知有教育名言："千教万教教人求真，千学万学学做真人。"夏丏尊认为："教育之没有情感，没有爱，如同池塘没有水一样，没有水，就不能称其为池塘，没有爱就没有教育。"他认为，当好一名教师，首先要是一个充满爱心的人。国外教育家、文学家也有许多关于教育与爱的倡导与论述。意大利小说家亚米契斯创作了《爱的教育》，倡导博爱精神。德国哲学家、教育家雅斯贝尔斯在《什么是教育》一书中说："爱把生命提升到真正存在的境界，它超越了感官的直观。"苏联最有名望的教育家苏霍姆林斯基说过"我把整个心灵献给孩子"；苏联教育家马可连柯则认为"没有爱就没有教育"等。从

这些名家的话语中我们不难体会到：教育是一种爱，教育需要爱，教育源于爱。教师爱学生，才有教育；学生爱教师，方有效果。爱是教育的原动力、内动力。

作为教育的爱，其最高境界就是关爱所有人，尊重学生与学生之间的差异，将爱的情感普洒于每一个学生，不放弃任何一位学生；作为教育的爱，其最高境界就是关爱人的成长过程，将爱的情感倾注于成长的每一个阶段，为学生建立成长档案，并进行分析和研究，帮助学生成长和发展；作为教育的爱，其最高境界就是关爱每一个发展节点，帮助学生分析、把控人生的发展方向，引导学生快乐、自由、全面发展。这种爱是科学分析与人文关怀的统一，是体现真情的呵护，是承受责任的担当，是乐于奉献的智慧。

明末清初，西方传教士来到中国。为了有效地传经布道，作为辅助手段创建了许多医院，这些医院大都取名“普爱”，意为“普施仁术，爱满天下”。最早的普爱医院于 1864 年在湖北创建。后来又有许多的“普爱”学校出现。目前，在我国的港、澳、台地区还有天主教办的普爱学校。这些学校往往带有浓厚的宗教色彩。这与我所倡导的普爱教育有着较大的区别。

我校前身——普爱平民义务学校是由一位在当地开医院的医生（西医萧隐慈）和一批爱国青年、商人共同组成校董会，于 1924 年创办的。1930 年，学校设立了初中部，此即为现在江苏省新海高级中学的源头。尽管普爱中学初建时只是星星之火，但它却是整个连云港新浦地区中等教育的起点。所以说，普爱平民义务学校的创办在连云港市教育发展史上是一件具有里程碑意义的大事。

大道若水，大爱无疆。真爱众生，予之大道。弘道天下，大爱之心。在人到中年后所沉淀的对生命的体悟中，在多年传道授业的教育实践的反思中，我愈发感悟到“普爱”精神是人间大道，是教育正道。没有爱，教育便失去了起点；没有爱，教育也就没有了未来。普爱而和，行健而立。在“普爱”的基点上，教育还应当“行健”，教人明辨是非，教人为民谋利，教人自觉奋发向上，永不松懈。可以说，“普爱”承载起“行健”，“行健”践行着“普爱”。

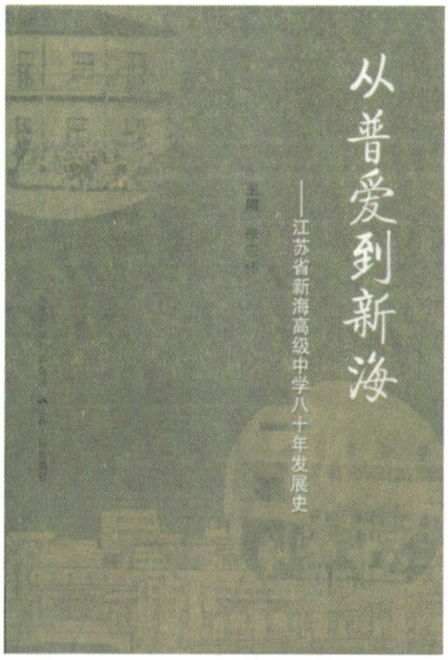

迄今，学校已走过了80余年的风雨历程。80余年来，新海高级中学一直秉承“普爱·行健”的优秀文化传统，普爱仁济，扶贫助困，尊重生命，乐育英才。岁月易逝，普爱永恒；继往开来，任重道远。无论是在传承中西文化、解放思想、民族独立的办学初期，还是在反饥饿、反压迫的解放战争时期，以及改革开放后的锐意改革、负重自强、追求卓越时期，或是在当下教育发展步入后生命阶段，由关注个体知识第一向关注个体生命意义为重的转变时期，“普爱 · 行健”精神都与学校的发展紧密相关、休戚与共，而且生生不息。

教育是培养人的，而人是千差万别、有思维有感情、有不同需求的生命个体，如何让每个来到世上的人拥有一个快乐、幸福的人生，这才是教育的宗旨和最重要的功能。教育的特质将决定人生的航向，人生的航向是靠教育引导、校正的，因此，理想的学校教育应是差异教育而不是淘汰教育；应尊重个体生命间的差异，为每个人提供适合其发展的教育，并不断发掘其潜能，维护其尊严，注重其内心的发展需求，教会其懂得爱、敬畏和感恩，懂得尊重自然、尊重生命，懂得保护和促进生命的发展，只有这样，才能构建良好的教育生态。新海人都秉承“爱心是责任的内在动力”“责任是践行爱心的有力保障”“智慧是提升爱与责任的必要支撑”等理念，诠释着对社会、对国家、对民族的满腔挚爱之情。同时，我们也将这份爱转化为行健远航之路上不竭的源动力，将行为习惯的养成作为发展的后续力，将能力素质的培养作为发展的永动力，将对人生发展的规划指导作为发展的核动力。普爱的教育生态，将不断推进新海以及新海人的发展。

“为什么我的眼里常含泪水，因为我对这土地爱得深沉。”作为土生土长的新海人，身兼“校友”和“校长”双重身份，我深爱着我的母校——

从普爱到新海

柳斌 二〇一〇年八月

新海高中这片沃土，我有义务担当起传承新海高中优秀文化，用“大道普爱”引领未来教育事业发展的重任。

在这篇自序中，我更想把2010年10月15日在新海高中建校八十周年庆典仪式上的致辞作为序言的结尾，以作永久的记忆。

尊敬的王文兴院士、李平荫先生、陈建将军，各位领导、各位嘉宾、各位校友，朋友们、老师们、同学们：

大家上午好！

在金菊绽放、满园飘香的美好时节，我们迎来了新海高级中学八十华诞！今天，校友纷至，嘉宾云集，共同见证这激动人心的历史时刻。在此，我谨代表新海高中全体师生向出席今天盛典的各级领导、各位来宾，向曾经在新海这块热土上辛勤耕耘的老领导、老同事，向热情关注、支持母校教育事业的历届校友，致以最诚挚的敬意和最热烈的欢迎！

今天，对于所有新海人来说，注定是一个终身难忘的日子：新海高中八十华诞庆典，一是正值传统佳节九九重阳的前夕；二是恰逢党的十七届五中全会胜利召开之日；三是新海高中迁入新址，到今年也正好是第十个年头。正是集天地之灵气，聚日月之精华。这些众多的机缘巧合，也使得新海高中的八十华诞意义非凡。

今天，作为新海中学土生土长的校长，我非常荣幸是以双重身份参加今天的庆典活动。八十年校庆，也恰好是我从新海中学毕业三十周年。大学毕业我就被分配到母校任教，随着时间的不断推移，我对母校的感情日益加深。我从来没有像现在这样越来越强烈地感受到自己身上肩负的沉甸甸的使命。那是一个校友对母校最深沉的牵挂、最难以割舍的关切，那是一名教师对学校最无私的奉献、最真诚的期盼，那是一位校长对担当新海的来自心灵最深处的责任。因而，我必须尽心尽责，全力以赴；我愿以我更真、更亲、更浓、更深的感情祝福母校，并与我的母校相伴到老！

各位校友，今天，当我们以无限的敬意与无比的快意再次相聚母校，大家一定会为母校的跨越发展感到欣慰、高兴与自豪。尤其是2001年迁入新校址以来，在市委、市政府和省、市教育行政部门的关心支持下，学校迈上了高速发展的快车道，相继获得“全国教育系统先进集体”“全国学校体育卫生工作先进单位”“国家级体育传统项目学校”“国家级电教实验学校”“省文明单位标兵”等数十项省级以上荣誉称号。这些成绩见证了新中的发展，更体现了新中人行健远航、追求卓越的精神。

一所优秀的学校，总有其绵延不断的精神传统；一个底蕴深厚的学校，总有其特殊的文化传承。八十年时序更迭，过眼云烟，唯有“普爱”精神，薪火相继，一脉传延。这普爱，是普世大爱。爱是分享与承担，爱是荣耀与奉献，爱更是不断进步的力量源泉！八十年星转斗移，搏击长空，唯有“行健”精神，锻铸体魄，磨砺意志。这行健，是新海人发愤图强的精神体现，是新海人雄健刚毅的品质显现，是新海人容载万物的人格彰显。“普爱、行健”必将激励后昆，成就新海的美好未来！

一枝一叶总关情，沃土繁花别样红。八十年盛大庆典，是历史的铭记，是和谐的绽放；是对付出的感恩，是对未来的承诺。我们有理由相信，新海人必定会一如既往地志同道合，开拓进取;新海的明天一定会更加绚丽多姿,异彩纷呈!

回顾学校走过的八十年历程,我们深切地感受到,学校的发展离不开各级领导的关怀和支持,离不开社会各界友人的关注和厚爱,离不开无数校友的真情和守望,更离不开新海人的耕耘和奉献。我们将以八十年校庆为契机,以十七届五中全会为东风,再次奏响新一轮跨越式发展的进行曲。我真诚地邀请并期待海内外各界嘉宾、各位校友重返母校,共叙师恩友情,畅想新海未来,为将学校建设成“既有国际视野又具民族精神,全国一流、国际知名的普通示范高中”而贡献我们的智慧和力量!

最后,祝各位领导、来宾、校友身体健康、万事顺意、心想事成!祝全校师生工作顺利、学习进步、再创辉煌!

谢谢大家!

第一章

教育真谛：大道普爱

关于爱与教育的关系，从古至今很多思想家、教育家都有过论述。先秦时期，以老子为代表的道家强调在施爱于他人的过程中体验幸福的境界，以墨子为代表的墨家提出了“兼爱”思想，以孔孟为代表的儒家主张“仁者爱人”；到了近代，孙中山先生推崇“天下为公”，倡导“博爱”精神。著名教育家夏丏尊把办学校比作挖池塘，认为“教育没有了情、爱，就成了无水的池”。[①] 温家宝总理在给师范生讲话时提出的四点希望中，第一个希望就是“要充满爱心”。[②] 由此可见，“仁爱”一直是中国伦理和教育思想的核心。从这些大家的倡导与实践中我们不难体会到：教育的原点在于“爱”，教育的本质在于“爱”，爱才是教育真正的价值之所在。

我在从教育哲学的角度凝炼“普爱教育”思想之初，没能搜索到关于“普爱”的专门词条解释，只是发现“普爱”一词更多出现于宗教用语中，

---

① 夏丏尊. 夏丏尊文集[M]. 平屋之辑. 杭州：浙江人民出版社，1983.

② 温家宝出席北京师范大学首届免费师范生毕业典礼[N]. 人民日报，2011－6－18(1).

是宗教信仰中所崇尚的一种博爱、仁慈、善良的精神。然而，随着时代的发展、社会的进步，我们要传承、践行并发展先辈们的“普爱思想”，就必须赋予它崭新的时代特征和教育内涵。

通过对新海高中校史的梳理，我认真地汲取了前辈们留下的宝贵思想财富，结合我个人对教育实践经历的体悟，我认为，“普爱教育”是指教育主体在仁爱精神指导下，以平等为原则、以尊重为前提、以适度为标准对待教育客体，通过科学的教育手段，促进全体师生在爱的氛围中成长进步的教育思想和教育实践。其中主要强调的是作为教育主体的教师对于学生的普爱精神和行为。

具体来说，至少可以从以下三个方面来阐释我所提倡的“普爱教育思想”：

第一，以平等为原则，普爱而不偏爱。作为教育者，我们要爱每一个学生，爱学生的每一个方面，爱学生成长发展过程中的每一个阶段。

第二，以尊重为前提，普爱而不滥爱。爱是以一种互动的关系性存在的，爱而不强加，尊重学生的个体需要。

第三，以适度为标准，普爱而不溺爱。爱并不意味着放纵，爱应当有原则和立场。

第一节　普爱而不偏爱

理解“普爱教育”，可先从字面意思来探究“普爱”中“普”字的含义。

“普”在汉语词典的解释中,有“全”“广”“遍”的意思。因此,普爱教育首先提倡的是“全面的爱”“广泛的爱”“爱全部的人”。

在这个理解中,“普”的对立面是“偏”。仔细观察我们的日常教育生活,我们可以看到一系列“偏爱”的现象:诸如,有些教师偏爱考试成绩好的学生,偏爱“听话的”学生,偏爱家庭背景好的学生,偏爱性格开朗、活泼可爱的学生,偏爱通过各种“关系”打过招呼的学生,等等。无论是课堂教学中还是课外生活里,我们常常会看到一些教师自觉不自觉地与上述一些学生表现出较高的互动频率,与此同时却忽视或剥夺了弱势学生的学习资源与成长发展的机会。而作为教育管理者,也往往会偏爱那些教学成绩好的教师,常常简单地把评价与考试成绩直接挂钩。如同教师过度表扬和宽容成绩好的学生一样,管理者对于教学成绩好的教师往往会给予更多的关注、包容及发展机会。诸如此类由偏爱而带来的教育不公平现象比比皆是。正是这种不公平现象严重地损害了教育形象,阻碍着普爱教育的有效实施。

在公民社会,人生而平等。平等是社会和谐的重要基础,追求平等是人类社会发展进步的价值取向。“偏爱”现象无疑与“平等”的原则相悖。当然,我们所讲的“平等之爱”,并不是“平均施爱”,也不是“均衡施爱”。将平等观念落实于学校教育,就是要坚持普爱教育思想,让每一名学生在平等的关爱中快乐成长,让每一名教师在平等的环境中得到发展。正是在这个意义上,我提出了“普爱而不偏爱”的观点。特别对于学生而言,要爱每一个学生,爱每一个学生的每一个方面,爱每一个学生成长过程中的每一个阶段。

首先,爱每一个学生。教育归根到底是培养人、发展人的事业。我非常赞同内尔·诺丁斯教授在《幸福与教育》一书中提出的观点:“幸福应该是教育的一个目的,好的教育应该对个人与集体的幸福有所贡献。”①作为教育者,我们无法也不应该去选择学生,因为每个人都有追求幸福生活的权利,我们有责任为了每一位学生的幸福而努力。当然,我们必须承认人与人之间是存在差异的。俗话说:“五个手指有长短。”手指虽然长短不同,但各有各的作用,缺一不可。更何况我们教育工作中所面对的是一个个活生生的、发展中的人呢?作为教育工作者,爱每一位学生才是真正的教育之爱。因此,我所提倡的普爱教育首先就是要摒弃教育者个人的爱恨好恶,关爱每一个学生,帮助他们挖掘、发挥自身的潜能,为他们的终身发展奠基。2003 届文科班小苏同学,由于文化基础薄弱,对文化课的学习态度着实让任课教师大为头疼。课堂上,他很难保持正常的学习状态,时常在簿本上胡乱涂画,违反校规校纪的现象也时有发生,是许多人眼中的“双差生”。可是他的班主任并没有因此而放弃对他的关爱。经过一段时间的仔细观察,班主任发现小苏喜爱美术,于是就为他联系了学校美术老师具体指导,发展他的美术特长。最终小苏在高考中以优异的成绩被省内知名大学录取。大学毕业后小苏自主创业,成立了一家装饰公司。我校校史馆的装璜就有他的聪明才智和贡献。

在日常教育教学中,我倡导教师要把爱洒播到每一个学生身上。爱学生就要了解学生,包括对学生的身体状况、家庭情况、学习成绩、兴趣爱好、性格气质、交友情况的深刻了解。一些个性鲜明或是性格孤僻的学生,更需要爱的滋润。2012 年我就接触到一位特殊的学生。高二的刘同学在英语课上搞小动作,教师发现后说了两句,于是这个学生就沉不住气

---

① 侯晶晶. 内尔·诺丁斯关怀教育理论述评与启示[D]. 南京师范大学教育科学学院博士论文,2004:69.

了,对英语老师有了强烈的抵触情绪,气冲冲地跑到我的办公室。我及时向刘同学了解原因,极力地开导他,告诉他老师的好意。在聊天中他说自己是个孤独的孩子。我挺纳闷的:有父母的疼爱为何是孤独的呢?他告诉我说:爸爸和妈妈经常吵架,前阶段妈妈离开家搬出去住了,他周末回到家里,可家里却冷冷清清的,爸爸现在也不管他。我感觉到眼前的这个孩子太可怜了,在本应享受父母之爱的年龄却变得孤单。于是我就经常关心他,努力走进他的心灵。在校园中碰到的时候,我总会和他聊上几句。在我和班主任老师的关心下,他终于有了转变,缓和了与英语老师的关系,学习上也刻苦努力起来。期末考试结束,他拿着一张优秀团员的奖状跑到我面前。从他的喜悦中我感受到教师之爱要平等地给予每一个孩子,每一个孩子都是一个天使,老师的几句话就可能改变孩子的一生。

其次,爱学生的每一个方面。普爱教育所提倡的"普"也有爱学生的全部的含义。美国当今最有影响力的发展心理学家霍华德·加德纳教授提出了多元智能理论,认为人的智能是多元的而非单一的。通过长期的研究,他提出了人的智能至少包括了语言智能、数学逻辑智能、空间智能、音乐智能、身体运动智能、人际关系智能、自我认知智能等多种智能。①每个人在这些方面的发展程度都不可能是绝对均衡的。基于这样的认识,我认为教育者要接纳学生的全部,尊重学生的不均衡,根据每个学生的发展态势,因势利导,尽可能地帮助学生在各个方面都有所成长,并不刻意强求每个人在每个方面必须达到某一统一的标准。为了让学生能得到个性化的发展,我们先后成立了排球队、健美操队、音美协会、文学社、学科竞赛队等数十个社团,让学生在特长方面得到充分发展。2010 届的

① [美]霍华德·加德纳.多元智能[M].沈致隆,译.北京:新华出版社,1999:9.

施同学在学习方面表现一般，却对象棋非常痴迷，以致严重影响到了文化课的学习，作业不能按时完成。家长为此很是烦心。我们了解情况后，不仅没有打击施同学这方面的兴趣，反而决定让他在这一方面得到充分发展，专门为他安排训练，使得他很快在各种象棋比赛中脱颖而出。特长的发展也极大地调动了施同学在其他方面发展的积极性，在高校自主招生中，施同学凭借全国唯一象棋特长生的身份，享受到了清华大学降60分的录取政策。

爱学生的每一方面就必然包含尊重学生不同的生活背景、迥异的个性、多样的兴趣。爱学生的每一方面体现了一种包容之爱。爱学生的锐意创新，同时也可能就要包容他的顽皮好动。学习成绩不能成为衡量学生优劣的唯一依据，成绩再差的学生身上也有许多的优点，需要我们教师不断地去挖掘，去发现。比如2011级有这样一位张同学，他很是聪明，学习成绩是男生中的佼佼者，但他的身上却有许多缺点，比如课上总爱说话、搞小动作，在他的身上似乎看不到好学生的影子，有一次还因为一点小事和同学大打出手。其实他身上还是有许多优点的，比如集体荣誉感很强，热心参加各种活动，唱歌跳舞、体育运动都是他的强项。这样的孩子怎么爱？班主任管言春就是一位会爱的老师，她抓住元旦联欢的教育契机，安排张同学组织班级活动，还在运动会上让他发挥自己的特长，为班级争得荣誉，从而让他感觉到自己的价值。渐渐地，他身上的一些缺点也逐一改掉了。

第三，爱学生成长过程中的每一个阶段。由于每个人的智能强弱各不相同，每个人在不同智能领域的表现自然会有不同。而且，即便是在同一智能领域，在不同发展阶段其发展程度也有所不同。人正是通过教育不断地从不完善向更完善发展。在这个意义上，我以为普爱教育就是要

爱学生成长过程中的每一个阶段。我们既要悦纳不同阶段学生的优点和特长,也要善于接纳不同阶段学生的缺点和不足。在实践中要有针对性地做好不同成长阶段学生的工作,力求使学生成长的每一个阶段都能得到有效的指导与帮助,促进学生在每个阶段都能有所收获、有所进步。我们建立了学生跟踪了解制度,关注学生在高中、大学以及社会上的成长;我们在北京、上海、深圳、青岛以及加拿大、澳大利亚等地成立了新海中学校友会,通过校友会了解校友的发展情况,并向校友介绍学校的发展情况,同时邀请校友回母校开展"普爱讲坛",为学弟学妹做报告,激励学生成长,从而架起了校友与母校联系、沟通的桥梁;我们以一年一度10月15日"校庆日"为契机,通过组织"校庆日"主题系列活动,组织学生采访老校友,了解他们现在的生活、工作情况,加强与校友的联系。

6 月是毕业的时节，每年 6 月，都有一批学子从新海出发，走向祖国的四面八方。毕业典礼是我们关注学生成长的重要方式，从关注学生在校的成长，拓展到学生终身的发展。每年的毕业典礼都是一场爱的盛宴。学生、家长、老师，每个人都是爱的传播者，也是爱的承受者。

以下是我在 2013 届毕业典礼上的校长致辞：

尊敬的各位家长，老师们、同学们：

大家上午好！

今天是个值得隆重庆祝并且深深铭记的日子，高三的同学们，你们就要毕业了！学校为你们举行盛大的典礼活动。

每年的毕业典礼我都要站在这里讲一番话，这是责任需要，是我必须要讲——因为我是一名校长；但更是情感需要，是我很愿意讲——因为我更愿做你们的师长和学长。再过十二天，同学们即将踏上人生的新征程。在此，我谨代表学校全体师生，向高三同学们表示热烈的祝贺！向辛勤哺育你们的父母，悉心教导你们的老师，以及关心、帮助过你们成长的每一位朋友，致以衷心的感谢和崇高的敬意！

高中三年过得很快，但过得很充实；过得很艰辛，但也过得很值得。实在是值得一生镌刻于心的最美好岁月。典礼之后，你们即将跨过一道对你们终生发展

都会有深远影响的门坎。在这一刻,我想,你们也许会下意识地回回头,欣赏这一路走来的风景:

你们一定不会忘记,高一远足极限拉练时那意气风发、坚持到底的场景;你们一定不会忘记,高二英语短剧展演时那积极参与、彰显自我的激情;你们一定不会忘记,高三励志教育高考百日誓言大会时那热血沸腾、气冲霄汉的豪迈;你们一定不会忘记,参加演讲比赛时那内心忐忑、满手是汗的紧张;你们一定不会忘记,烈日酷暑下跑操时那口干舌燥、汗流浃背的磨砺;你们一定不会忘记,下课铃响百米冲刺食堂的壮景,以及食堂小吃的美味;你们一定不会忘记,校园处处可及的美景,以及美景下陪你欢笑也可能陪你哭泣的同学,还有那熄灯后寝室里此起彼伏、与值班老师"躲猫猫"的卧谈会……

我想,你们肯定还不会忘记,那些为你们传道授业解惑、朝夕陪伴你们的老师们;你们肯定还不会忘记,经常叮嘱你们不要骑车带人和逆道行驶、要好好走路、好好做人的一次次晨会;你们肯定还不会忘记,学校文化长廊上时刻在提醒你们的努力方向——要做有"民族根"的世界公民……

正是这些故事、这些场景、这些日子,让你们与新海血脉相连,心灵相牵,新海以独有的方式让你们体会到了什么是爱,什么是痛,什么是青春,什么是成长!而这一切,都将成为你们身上永远也不会磨灭的"新海烙印"。不管你们走得多远,你们永远是母校最牵挂的孩子——这份情,必将永恒!

同学们,你们是从众多学生中遴选出的最优秀的种子,在新海这片沃土里生根发芽,茁壮成长,如今已是硕果累累,该到收获的季节了。看着你们为新的人生征程而准备好的满满行囊，我由衷地感到欣慰与自豪。作为校长，作为新海人，作为你们的学长，我真诚地希望你们在未来的旅程中能不断学习，不断思考，不断提升自己的人格和素质，心怀天下，包容多元，以普爱的胸怀和行健的步伐走向世界，实现自己的青春梦，实现伟大的中国梦！

同学们，今天，是独属于你们的节日。看看坐在旁边的你们的父母、你们的老师、你们的同窗、你们的学弟学妹，请记住这些一直在无怨无悔、默默支持着你们、关注着你们的强大后盾，请带上他们发自内心的暖暖祝福，勇往直前，振翅高飞。我坚信，在十二天后的考场上，你们一定会美梦成真，凯旋而归！

同学们，你们虽然马上毕业了，但请同学们记住：

志存高远效鸿鹄万里凌云　莫失光阴寸功　吾辈当更加努力

名列金榜如学长奋力夺魁　不负前贤厚望　母校将倍增荣光

请同学们还要记住：

走出新海门，永远新海人！

第二节　普爱而不滥爱

在普爱教育的过程中，在强调普爱教育所包含的“全”的内涵的同时，似乎又会让人形成这样一种错觉：所谓普爱就是无条件地爱一切，只要有爱就可以做任何事情。那么，普爱到底有没有边界？这个世界有真善美，也有假恶丑，都要爱吗？普爱到底有没有条件？是不是只要爱了就可以，而不用顾及受爱者的感受，不用关心我们的爱是否被接纳？要澄清这些问题，就引发了我对“普爱教育”内涵的第二点思考：普爱不等于滥爱。

普爱而不滥爱,首先就要求爱而不强加,不能以爱的名义替代选择和包办。我们知道,学生始终是有需求、有思想、有感受的独立的生命,而生命的意义在于选择。当一个人不断为自己的人生做选择时,不管这些选择是对是错,他的生命都会因为自主选择而丰富多彩,而他的心理能量也会不断增加。作为教育者,我们不能打着“爱”的旗号,剥夺学生直面人生的权利。假若一个人在一生中都是别人在替他做选择,那么他的生命就没有意义,不管别人给了他多少东西,不管那些选择从理性上看多么“正确”,他都会因此而虚弱无力,也会因此失去完整的人生体验。2012年11月,《现代快报》曾报道了一位从浙江离家出走的17岁阳光女孩,其出走的理由是:妈妈,我不要你规划的人生!这个活生生的例子告诉我们,爱要建立在对人的生命及情感最基本的尊重基础之上。在普爱教育实践中,绝不能不考虑学生的喜好和他们的价值取向,将我们自己的好恶强行灌输给学生,迫使学生接受并按照我们规定的样式去行事。否则,就会让我们的学生在独立面对社会时不知所措。2012届高三(20)班的学生沙宇星,当年中考是以全市前100名的成绩考入我校,编入强化班。按惯例,强化班学生的培养目标是以优异的学科文化成绩冲击名校,这也是社会和上级教育主管部门经常用来考核优生的主要指标。可是在选择科目时,沙同学却一反常规,立志报考美术专业,而且不兼报文化专业。家长感到很不理解,表示想让她好好学文化,即使学美术也要求她兼报文化专业。当我们与她交流后,我们决定尊重她的选择,并反过来去做通家长的思想工作,让他们与老师一道支持沙宇星的选择。最终沙宇星如愿以偿,考入了北京电影学院动漫专业。在有些考核评价中,我们或许认为有所谓优生指标的流失,但辨证地看,收获的却是学生难能可贵的自我选择人生的能力。

在增强学生选择意识和培养学生的选择能力的过程中，我们主要做好这样三个方面的工作。一是创设学生自主选择的环境。为增强学生自主选择意识，新海中学建立了学生自主选择网络平台，开设了可供学生自主选择的相关课程和活动，从而进一步拓宽了学生自主选择的空间。二是尊重学生的自主选择。尊重学生文理科学习的选择，尊重学生校本选修课程的选择，尊重学生体育选修的选择等。三是引导学生自主做出正确的选择。具体做法是开设可供学生自主选择的辅导讲座，提高学生自主选择的能力。这样，不仅培养了学生的自主精神，而且促进了学生对于所选科目学习的主动性和自觉性，避免了学校或教师在教育教学工作中的一厢情愿，建立了师生之间良好的双向互动关系，使教育之爱在学生的充分悦纳之中发挥最大效益。

“普爱”不能仅仅停留在“不强加”上，我还在思考如何为学生提供自

我管理的空间。从2012年起，在全校学生会的基础上，三个年级相继成立了学生分会，从常规管理到开展各种活动，大胆放手，交给学生。近几年的元旦晚会，我们都逐步放手交给了三个年级学生分会。学生热情高涨，三个年级每年都组织三台精彩的节目，让全校师生眼前一亮。学生真正参与到学校的活动和管理中来，既锻炼了能力，又有了当家做主人的感觉。2013年，我又把晨会、运动会的舞台交给了学生，让学生尽情展示，充分锻炼。

在这种氛围影响下，教师的意识开始转变，教育行为也发生了巨大变化，开始重视学生的自主管理，努力做到爱而不滥，不强加，不包办。下面是我摘录的我校高一年级武兴华老师的班主任工作个案：

住校生一次“自治”引起的转变

武兴华

8月19日，高一新生暑期军训报到的第二天，早上7:00。

探访住校生：今早住校生是不是都在学校规定的时间进入教室了？学生答：不是，男生某某与谁谁迟到。

我在教室外对两人进行教育：我昨天下午、晚自习下课前都已经反复强调了，可是你们还是迟到了。这么多人一个年级，这么大规模一个学校，很多的住校生，如果对进教室时间没有统一的硬性规定，你们看行吗？二人神态沮丧，或答不行或无语。

我把七名住校男生都叫出来了。七名男生站在我面前，在教室的走廊里形成了一个弧形。我布置他们讨论两个方面的问题：

一、你们讨论协商出一个办法，怎么样在今后的住校生活中避免早上迟到？如果有人迟到，你们说该怎么办？

二、你们民主推选出一个室长，共同讨论你们宿舍的内务如何整理，比如被子怎么叠，鞋怎么放，牙刷牙膏怎么摆才能做到整齐划一，符合学校的统一要求。

布置完后，我离开走廊进入教室。教室里显得非常安静，只听见走廊里热烈的讨论。

几分钟过后，我发现走廊里的男生已经形成了一个新的弧形，六名男生自然地围绕在一名男生周围，只见那男生身材略高，说话时还伴有手势，一种气度不凡的样子，表情和蔼而又态度严肃。他像是在总结大家的意见。我猜想室长可能产生了。讨论还在进行中，偶尔也有说笑。

我走出教室，那男生走近我说他们讨论好了。我问他是什么讨论结果，他大致答复如下：

一、我们已经约定今后谁也不准迟到进教室，主要是通过相互提醒的办法，也要增强时间观念。如果有人迟到，就自动买一桶水放在教室供大家饮用。

二、大家都推荐我做室长，我们已经制定了统一的摆放标准和要求，做了具体明确的分工，还打算抓紧学习学校的住校生管理规范与内务整理要求，确保符合。如果谁值日达不到标准，就一直由他值下去，直到达到95分为止。

我问七名男生：这些确实是你们共同讨论的结果？男生皆点头表示认同。我说：这很好，你们做出这样的约定，目的是要消除迟到现象，还有值日不到位现象。买水只是手段。我们教室里有水喝，不缺你那一桶水，我不希望有人买水给大家喝。但是,既然是你们的共同约定,就相当于"自治章程"了,希望你们能按照你们自己的约定认真去执行。男生皆再次点头,表示认同。

之后,我对那男生进行了赞赏、鼓励与指导。赞赏他在同学的协商讨论中获得了大家的信任而荣幸地成为室长,鼓励他全心全意地做好室长工作,并提醒他做好室长工作应该注意的几个方面,争取把大家的约定以"自治章程"的形式张贴在教室的展示栏里。

下午,一张由七位住校男生签上姓名的"男生宿舍自治章程"颇有气势地张贴在了展示栏里,引来许多同学围观。

多少天过去了,本班宿舍没有违规记录,新生宿舍很少能这样。其他班级的宿舍里不时有各种各样的违规记录,班主任还是疲惫于应付这些琐碎的事情,抱怨声不绝于耳。我知道,那几个男生的约定,还在发挥着重要作用。我居然从宿舍管理中解脱出来了,仿佛宿舍管理已经不是我的工作范围了。偶尔,我以关心的口气问问他们宿舍的情况,男生们回答:情况很好啊。

又过去一些天,我又询问宿舍情况,男生们答:好!宿舍还是没有违规记录。我知道,那几个男生的约定,一直在发挥着作用。我还了解到他们还自发组织了学习学校宿舍管理规定的活动。

普爱而不滥爱的第二个要求就是要"科学"地爱。教育的目的在于促进学生全面发展和健康成长。在教育实践中,"滥爱"表面上往往以"爱"的名义出现,施行的却是与爱的出发点相悖之事,其结果既没有体现对学生的充分尊重,也不利于促进学生全面发展,在一定程度上反而背离了爱的宗旨，属于非科学的范畴。从“滥爱”的出发点分析，有的是把学生当成了一种工具，一种为学校或个人猎取名利的工具，那么这种“滥爱”根本不是真爱，而是膨胀的私欲在作怪；有的也许是出于教育工作者的无私，但是只能表明教育者不具备民主、科学的教育理念，更多的是反映出了教育者自身没有摆脱传统应试教育理念的束缚；有的则是进入另一个误区，片面地将“爱”与“批评”对立起来，不敢或者不知该如何面对学生需要纠正的行为等。因此，我们必须坚持科学之爱，反对“滥爱”。科学地爱就要求教育者要具有正确、先进的教育理念，在这样的前提下对学生施爱。

2012 年，我校高一年级班主任赵东升老师处理班级偶发的一件事情，就体现了爱的艺术。以下这篇教育札记记述了事情的经过。

为难的断案

赵东升

高一开学三个月后，学生之间都有了进一步的了解，那种新学校新同学间的拘谨感淡退了，同学之间熟悉起来，班级气氛融洽，正当我有一些小高兴的时候，没想到班里却发生了几起失窃事件，有两个学生向我汇报说他们分别丢了三百元钱、一部手机。我询问了他们丢东西的时间，应该都在学生跑操前后。过了一天，又有一个学生反映说自己的手表放在桌子上，下课后去了趟厕所回来就不见了，他很肯定地说他出去的时候还看见表就在桌子上。凭借多年班主任工作经验，我感觉这个“顺手牵羊”的人应该就在本班。我在班里公开说了丢东西的事情，提醒同学们保管好自己的物品。我尽量没表露出已经怀疑是本班学生所为的意思,但也想有意打草惊蛇,试探试探情况。我在思忖:丢东西的这三个人座位比较集中,中间前后隔了两个学生,那么这两个学生中有没有我正在寻找的人呢?

我在班级公开讲话的第二天,这两个同学中的一个告诉我他也丢了一百元钱。我心里有点疑惑:真的是也丢钱了,还是在转移我的视线呢?我感觉他的嫌疑很大,我在反复考虑采取什么办法让他浮出水面:把他叫到办公室来直接询问?让他自己主动承认,可以减轻对他的惩罚,他会承认吗?没有证据。况且,他现在也是报案人之一。我想到了教室里的摄像头。于是我向学校有关部门提出申请查看录像资料。一开始我想找班里的两名班干部一起去查看,后来一想,查出这件事的主要人物虽然是眼前最迫切的事情,但是接下来也会有一系列的问题:我该怎样让这个学生承认这些事实?这个学生怎样交出所拿的这些东西?对他今后会有什么样的影响?我突然觉得知道真相的人还是越少越好,最终我一个人去查看了录像资料,真不错,这天正好这段时间有记录,果不其然,这个学生确实是那个“顺手牵羊”的人,他的手法还很自然:大课间,教室里只有几个学生,他正和班长说着话,然后伸手指向黑板,就在班长观察黑板的同时,他快速拿走了旁边桌子上的手表。我得意于这一切不出我所料,可同时心里却犯了难。在班上怎么讲这件事呢?怎么样让他知道他已经不能掩饰了?还有,怎样让他把东西交还上来呢?唉!中午饭都没吃好,翻来覆去想着这个问题,没找出合适的办法。

不管怎样,今天必须解决这个事情。我想,一方面,这件事不能扩大,否则,这个学生的将来可能就因此而毁掉;另一方面,我要间接告诉他我的想法,尽快让他回到正确的轨道上来。下午班会课上,讲完主题班会课的内容后,我顺便轻描淡写地说了两句:我已经看过监控录像了,我希望这个同学能够用一种合适的方式把本来就不该属于他的东西交给我,我替他返还给同学。我尽量避免使用"小偷"两个字,我知道只要我说出这两个字,这个孩子的将来可能会是另一种情形。在这个关键时刻我一定得把握好这个度,尽管我对他采取的"假报案"糊弄我的手段有些生气。

我不知道接下来会有什么样的结果,猜测着他会怎样做:他会不会拒不上交?那又该怎么办?我有意识地离开办公室到操场上散起了步。半小时后我急切地来到办公室,发现桌子上有一个纸包。打开一看:三百元钱、一部手机、一块手表。当然没有他说的那一百元钱。我想事情也没有我想象的那么复杂,他可能就像交作业一样把事情解决了,还费了我一中午的脑筋替他想送还赃物的办法。

从此,他见了我好像也有点不好意思。我想这件事只要能给他警示,帮他改掉这个恶习,事情就让它过去吧,我的最终目的是不能影响他成长。如果再犯,另当别论。

接下来我又想他为什么要这样做呢?于是,我开始详细了解他的家庭状况。原来,他父母为了供他上这所重点高中,专门来到这个地方做一点小生意,起早贪黑,很不容易。虽说吃喝不用愁,但作为独生子女,或许看到别人的东西就眼馋吧。接下来,我找了包括他在内的几位同学一起谈心,等其余同学回去后,我和他一起聊起关于学习和做人,他站了起来,脸红红地说:“老师,我错了!”我握住他的手,轻轻地说:“知错就改,我坚信,我没有看错你,加油!”其后我为他申请了助学金,来减轻他家庭的负担。在开家长会时,我同他父母交流了很多,当然,我不能直接说出这件事情的来龙去脉。我们达成共识:不会让他担忧家里的情况,会想尽办法让他安心学习,健康成长!

这周,期中考试结束了,他高兴地找到我:“赵老师,你帮我分析分析试卷吧。”我专门看了看他的成绩,考得不错。看来我的这次为难的断案收到了我期盼的结果。

在教育实践中,我始终坚持把学生当成真正的人,把学生的发展作为学校工作的出发点和落脚点,严格按照国家课程标准开齐开足各门课程,努力实施“减负”工程,科学构建学生的评价体系,不把分数作为衡量学生的唯一标准,勇于打破片面追求升学率的怪圈,把学生的休息、娱乐时间真正还给学生,让学生成为学习和生活的主人,使学生主体精神得以充分展示,综合素质不断提升,真正让学生感受到生活在新海高中是幸福的、幸运的。我校每学期开设一百余门校本课程和社团活动。开设之初,学校经常会遇到一些其他活动与校本课程和社团活动发生冲突的情况,年级管委会往往会建议停掉校本课程或社团活动。对此,我鲜明地向他们表明态度:“你们为什么不停语、数、外的课呢?校本课程和社团活动也是学校重要的课程，必须认认真真地开设好。”慢慢地，老师们逐渐认识到了校本课程与活动课程对于提高学生综合素质的重要性，并且不断提高了开设校本课程与活动课程的积极性。

第三节　普爱而不溺爱

我对“普爱教育”的第三个内涵理解是关于爱的“度”的问题。在现实生活中，很多学生并不缺乏爱，失度的、放纵的爱并不是“普爱教育”所提倡的。普爱之“爱”需要以适度为标准，过度的爱并不是真正的爱。教师在整个教育过程中必须坚持教育原则，严格要求学生。对学生出现的过失，决不姑息迁就。应从全面发展的高度去严格要求他们，真诚地帮助他们分析思想问题以及存在的原因，使之找到改正的办法，摒弃陋习，在德、智、体诸方面都能健康成长。

普爱与溺爱的区分，我想应该在于理智和盲目的区别。真正的“普爱”是“合理地给”和“合理地不给”。“溺爱”是指不合理的要求被满足。为了学生的健康成长，我们要给他们以充分而理智的爱，但决不是不问青红皂白、不分是非曲直，一味地迁就学生的盲目的溺爱。溺爱和放纵一样，对学生的健康成长都是有害的。我们不能以“爱”的名义为学生灌输营养、遮风挡雨，使得学生在温室中得不到锻炼。

从高一入学起，我们就以“在新海的星空下，让梦想成真”为主题，帮助和指导学生进行三年人生规划，借助学工部、年级管委会、班主任、心理咨询师和任课教师等各种力量，给每名学生配备精神导师；通过各种形式、在各个阶段给予所有学生以立体、明确且富有爱心的指导。这种普爱教育是一个复杂而又长效的过程，既需要认真思考，耐心实施，更需要不断创新。为此，我们特别成立了学生发展指导中心，积极开展耐挫力教育,增强学生的心理承受能力,将耐挫力教育纳入主题系列教育之中。

近年来,学校积极开展阳光体育运动,组织学生跑操。刚开始,不少学生叫苦叫累,甚至有的家长也因为担心孩子受苦而表示反对。2008 年 9 月,我有个高中时的同学,他家的女儿到我校上高一,高一学生每天上下午各跑两圈,共 1600 米,孩子从没吃过这样的苦。我的同学特地找我说情,希望给体弱的孩子开绿灯,少跑或不跑。对此,我耐心地跟他解释,跑操是一项十分有益的团体活动,它不仅可以强健学生的身体,更可以磨炼意志、形成团队精神,坚持下去必有收获。两个月后,学校筹备运动会,这位同学兴奋地打电话告诉我,从没有参加过运动会的女儿竟然要求报名参加女子 800 米的长跑比赛了! 事实证明,跑操活动的益处正逐渐显

示出来，班主任、教师都跟着学生一起跑，师生的身体素质、团队意识明显增强。晨会上，不再有学生因体力不支而晕倒；课堂上，学生因感冒发烧请假的也少了许多。原先反对跑操的家长也变成了积极支持。正是这类磨砺，为学生今后的成长打下了坚实的基础，而这种有原则的爱也使得学生受益良多。

第二章

教育境界:培育教师的普爱自觉

要培养具有普爱精神的学生,首先需要具有普爱精神的教师。爱具有传递性,爱心要用爱心来唤醒,爱要用爱来点燃。普爱精神正是通过教育者传递给学生,又通过学生影响家庭,最终影响整个社会。普爱教育首先要求教师具有“普爱”的师德、“普爱”的情怀以及“普爱”的能力,具备对学生、对学生家长、对社会、对民族负责的博大胸襟和宽阔视野。与此同时,“普爱教育”也应当而且必须让教师沐浴着爱的阳光。

中国的“小悦悦事件”以后,很多媒体都聚焦了这一事件本身,并且进行了深度的报道与尖锐的批评,从而给观众造成了这样的印象:18 名路人的素质真是太低了,千错万错,都是 18 名路人的错。我却不以为然,早在 19 世纪中叶,西方社会学的创始人之一斯宾塞就提出了“社会有机论”,这一理论的基本思想就是,研究社会时,要把社会看作是一个有机的整体,从整体的有机性来研究社会行为、研究社会事实时,必须纵观全局,放开视野,对任何社会现象、社会问题都不能孤立看待,而应该从这些现象与其他现象的相互关联中去研究和把握。马克思说:“人的本质并不是单个人所固有的抽象物。在其现实性上,它是一切社会关系的总和。”社会性是人的本质,人是社会中的人,个人的冷漠,是社会冷漠的反映。18 名路人,不是纯粹意识上的个体,是 18 种乃至于 360 种或更多的社会关系的总和的结果。那么教育者该做出什么样的反思呢?很显然,教育者当确立“普爱之心”,践行“普爱之路”,培养“普爱之人”,即培养“普爱型学生人格”,才是合乎社会要求的。

师德的核心在于热爱每一位学生,突破这一规则就是有悖教育的底线,是不道德的行为。“普爱”学生是每一位教师的道德底线,它意味着教育者要坚持以人为本,以德为先,以爱为魂,通过爱的濡染,善的弘扬,美的熏陶,真的追求,把爱普洒到每一位学子的心田;它意味着教育者要面向全体,尊重个体,包容差异,尊重生命的不同成长节奏,宽容地对待学生成长过程中的失误;它意味着教育者要普爱不偏爱,不仅喜欢优秀学生,更要爱每一个普通的孩子。这种普爱型的教师道德,对于学生人格发展具有很强的示范性。

育人是教师的天职。育人的第一要求是为人师表。教师个人的某些看法和议论如果不加掩饰地传播到学生中,就可能产生难以收拾的消极后果。因而,教师人格的品格特征和行为程式必须最大限度地符合师德规范。“普爱”就是这种师德规范的核心,它以教师人格为中介,给学生以直观形象的影响。正如苏联教育学家加里宁指出:“教师的世界观,他的品行,他的生活,他对每一现象的态度都这样或那样地影响着全体学生。”这种普爱型的教师人格还具有很强的传递性。教师人格中的“普爱”特质,会通过教师的劳动从而获得具体化,进而传递给学生,成为学生人格的一部分。普爱型的教师道德,不会仅仅止于学生,还会通过学生影响家庭,通过家庭影响社会。学生将来走向各条战线,又将教师人格带进各个行业,从而影响着全社会的风气。因此,普爱型教师道德的传递性,说到底取决于人的社会性。

第一节 普爱是一种崇高的精神追求

每一个行业都有自己的从业规则,从业人员应该有起码的职业道德。

1997 年 8 月 7 日，国家教委和全国教育工会重新修订颁布了《中小学教师职业道德规范》，这是在我国改革开放和社会主义现代化建设事业进入新的历史阶段的形势下，加强中小学教师队伍的职业道德建设，适应新时期教育事业改革和发展要求的重要举措。我们知道，在教与学这一对矛盾中，学生是主体，教师居于主导地位。学生良好的思想品德和行为习惯的养成，文化知识的提高，都离不开教师的正确教育和指导，而决定教师能否正确教育和指导的关键因素在于师德。我以为，师德的核心在于热爱每一位学生。"普爱"学生既是一名教育者最基本的道德底线，也应该成为每一位教育者最崇高的精神追求。

常言说：知之深，爱之切。正是有了对教育工作的崇高追求，有了对国家、民族前途命运的深切关心以及对集体、对事业的责任心和使命感，有了对教育工作的深刻认识，人民教师"把整个心灵献给孩子"①的情感才愈加深厚。这就是"师爱"的思想基础和精神追求。为此，我在设计师德教育系列活动时，始终将普爱教育作为师德教育的核心内容，以增强广大教师的职业道德意识和职业荣誉感，激发教师关爱学生的自觉性；同时，注意培养师德模范，并充分发挥师德模范的引领作用。在具体的实践过程中，我认为普爱教育对教师的师德要求主要体现在以下两个方面。

一、普爱要求教师对学生主动无私地亲和

教育作为人类社会的普遍性活动，历来为人们所关注。汉代学者许慎是这样来理解"教育"的："教，上所施、下所效也"②，"育，养子使作善

① 苏霍姆林斯基. 把整个心灵献给孩子[M]. 天津：天津人民出版社，1981.

② [汉]许慎. 说文解字[M]. 北京：中华书局，1963：69.

也”①，意思是说教育就是上施下效，即上对下、成人对儿童所施加的一种影响，通过模仿使儿童成善、为善。教育是培养人、发展人的活动，而教师就是这种活动的最基本的、也是最重要的承担者，是“人类社会文化科学发展中承前启后的中介和纽带，是以对受教育者的心灵施加特定影响为其职责的人”②。教师的这种特定角色，必然决定了教师在教育活动中是学生的积极主动的“引导者”，也就决定了教师在师爱中处于积极、主动的一方。也就是说，师爱是教师“给予”学生的爱，是“给”而不是“得”，是主动的爱、无私的爱。师爱不同于一般人的以个人为基础的“私爱”，它是教师以崇高的教育理想为指导，从高度的教育责任感出发，对全体学生全身心的关怀和热爱，它同时意味着教师应当无私地对待每一位学生。之所以强调师爱中教师的主动性，是因为在教育实践领域还存在着一些教师在爱的过程中扮演着“被动”的角色，将教师的爱沦为“有条件的爱”。如，有的学生先要努力“讨好”老师，听老师的话，博得老师的欢心，才能得到来自教师的爱；或者教师往往把更多的关注倾注在学业优良的学生身上，而对其他学生或“视而不见”、或忽略不管。事实上，师爱是教师道德的重要表现，教师不应以个人的好恶对学生做出爱的取舍。

这让我想起了我校的一位学生穆凡。小穆名字叫凡，但是其实一点也不凡，野得很。初中时参加斗殴，腰部还被捅了一刀，缝了八针，可谓“大名鼎鼎”。当然这个学生在中考中还是正常考入了我校。尽管如此，像这样一般人眼里典型的“问题”学生，哪个班主任也不愿意轻易接受。后来我们把这个学生分到了优秀青年教师管老师的班里。

---

① [汉]许慎.说文解字[M].北京：中华书局，1963：310.

② 叶澜，白益民.教师角色和教师发展新探[M].北京：教育科学出版社，2001：32.

高一入学前军训站军姿,别的同学一站一个小时,虽然辛苦,但皆能坚持。唯独穆凡站了一会就扭腰转臀,满脸痛苦。教官管教多次无效后无奈地告诉了他的班主任管老师。经过耐心谈心,管老师了解到穆凡之所以乱动是因为站得久了,原来的伤口就像针扎一样疼。管老师暗暗庆幸没有以粗暴的呵斥方式对穆凡进行教育,以心换心,收到的是令人欣慰的结果。

然而事情并没结束。军训刚结束,有一天课间,穆凡与同班同学张鹏玩笑开大了,张鹏恼羞成怒,两人便吵了起来,其他同学上来劝说也毫无用处。穆凡青筋突起,拳头攥得紧紧的,随时都有动手的可能。张鹏不依不饶,与他理论,穆凡怒不可遏,突然大吼一声,一拳挥出,只听"咣当"一声,他身边一块窗玻璃被他击出一个大洞,掉落的玻璃片把他的手划得鲜血淋漓。

针对这件事,管老师没有采取粗暴的批评处罚的办法,而是首先肯定了穆凡的控制能力,认为他把拳头击向玻璃而不是同学,宁愿让自己受伤也不愿伤害同学,把影响降到最低点,维护了班级同学团结的氛围,是值得称赞的。但管老师同时提出了希望穆凡进一步努力的要求,指出与人和谐相处是一个社会人的基本素质,尽管是天性难以完全泯灭,但仍要努力控制自己的情绪,具体方法是把精力向学习上引导转移。从那以后,穆凡在高中三年里没有与同学发生过十分激烈的冲突。

但是,穆凡还有一些习惯让老师们头疼。比如,作为一名头脑聪明的学生,他上课反应快,但老师除了公开课时喜欢他在场,显得课堂气氛活跃外,其他时候却不喜欢,因为他太好接嘴,老师一句话没说完,就被他打断,搞得老师不胜其烦。他热爱运动,然而自习课也好动,安静不了十分钟。离高考不过两个月时间,这样下去不仅耽误自己学习,而且影响别人，班里的同学都不愿与他坐同桌。穆凡在学习上三分钟热度，不肯刻苦钻研，只凭小聪明，考试成绩忽上忽下，极不稳定。自习课时，班主任管老师到班级察看，远远就看见他在摇头晃脑。通过班长了解情况，得知穆凡居然在自习课上旁若无人地轻声唱歌，班长说了他两次，他也不理不睬。

经过反复思考，管老师把穆凡叫到办公室，进行了一次巧妙的教育。

管："以你目前的状态，你不可能考上大学。"

穆："怎么可能，老师？我会考不上大学！"

管："你的聪明，只是假聪明；如果是真聪明，你的成绩早就起来了。"

穆："我只是不屑于像李××（班级一位学习刻苦、成绩优异的学生）那样用功。上次月考，我不是还考了全班第20名。"

管："谁知你是不是向别人抄的。"

穆（青筋暴起）："老师，你可以侮辱我的智商，但不可以侮辱我的人格。"

管："不是我侮辱你的人格，而是你不给我相信的机会。这次模拟考试怎么考不出成绩了？"

穆："随你怎么说好了，老师，你要是不相信我也没办法。"

他的神情转为沮丧。

管："我知道你很不服气，认为老师低估了你的能力、你的智商、你的人格。但你要知道，这些东西不是自己吹嘘出来的，而是要靠实际去证明的。我敢与你打个赌，你肯定考不上大学。"

穆（咬牙切齿地）："好，老师，那你说赌什么？"

管："如果你能考上大学，我请全班所有同学到KTV唱歌去。考不上，你也不需要输什么给我……"

穆:“……”(气得扭头就走)

管:“等等,我说的可是本一线,先说清楚,免得你碰巧考个本二就跟了不得一样。”

穆:“本一就本一,我非得把你一个月工资耗掉不可。”

管:“还有,以后这段时间你要是再影响同学学习,你可得自己回家自学,到时考不上可别怨我。”

穆:“你放心,老师。我会让你看到我的出息的。”(话语中依然不减怒气)

……

打赌的结果是,穆凡高考分数比本一线整整高了30分,并被一所著名军事院校提前录取。

我想,对于穆凡这样自信却又管不住自己不良习惯的学生,缺乏细心、耐心,尤其是爱心的教育,一定会适得其反。没有教师的爱,穆凡绝不可能取得这样的成绩。所以,爱,不仅是爱优秀的孩子,更要爱世俗眼中的“问题生”和“差生”。事实上,每个孩子都是一块待琢的璞玉,作为教师,不是去凭空创造,而是要用自己的智慧与爱心去打磨、雕琢,让每个孩子都茁壮成长,并且绽放光芒。

因此,师爱是一种无私的利他之心。在这个问题上,美国心理学家、教育家罗杰斯也认为师爱必须保证对学生的无私性。他认为只有无私的爱,才能对儿童人格的形成产生十分重要的影响:有了无私的爱,儿童“关怀的需要和自尊的需要就不会同集体估价过程相矛盾,因而个体就会不断获得心理上的调节,成为完善的人”①。北大资深教授钱理群先生曾经说过:“教育给孩子们留下什么样的童年的、青少年的记忆:是宁静的,还是浮躁的;是温暖的,还是阴冷的;是蓬勃向上的,还是消极退缩的;是阳光的,还是灰暗的;是多彩的,还是无色无味的……都将决定一个人的一生……教师生命的全部意义和价值,就在于能够成为学生童年记忆中最温暖、最光明的那个瞬间。”②由此,我想起了我校的一位校友——刘仁生将军。2011 年 11 月 26 日下午,我校 1962 届校友刘仁生将军来校访问。刘将军深情缅怀了曾经在新海中学度过的学生生涯,尤其令他难忘的是,当年出身贫苦家庭的他,受到过学校的特别关注。高中三年,学校均为他提供了奖助学金,正因为此,他才得以顺利完成自己的学业,并以优异成绩考取上海交通大学。对于母

校的关爱刘将军始终铭记于心,他精心地将自己在校时的成绩单、团员证、毕业证以及各种获奖证书都收藏起来,将自己的每一个进步都珍藏在心。当再次来到母校后,面对母校所取得的成绩,刘将军感到由衷的自豪。临别之时,刘将军怀着感恩之情,特意将自己的珍藏赠送给母校校史馆,并欣然为母校题词留念。

① 檀传宝. 教师伦理学专题[M]. 北京:北京师范大学出版社,2000:102.
② 钱理群. 中国教育的血肉人生[M]. 广西:漓江出版社,2012:118.

附:《连云港日报》报道

将军校友

2011 年 12 月 1 日

因为参加墟沟小学百年校庆活动,我们意外地联系上了新海高中的杰出校友、无线电专家刘仁生将军。

2011 年 11 月 26 日下午,应李宏伟校长之邀,刘仁生将军在连云港市教育局韩金山副局长、淮海工学院杜军副院长等的陪同下回母校访问。在校史馆,刘仁生将军多次在一幅幅老照片前驻足,深情回忆起当年的师友和曾经在新海中学度过的美好高中学习生活。尤其在谈到高中英语教师时,刘将军高兴地表示,自己当初深受英语老师的影响。他还边说边随口背诵出当年学习的英语课文。参观完校史馆,刘将军稍加思索,欣然命笔为母校题词:衷心祝愿母校再创新的辉煌。

从校史馆出来,李宏伟校长又陪同刘将军参观校园,并重点参观了生物课程基地、书画展览馆等。李校长向刘将军介绍了学校近年来的发展状况、校园文化及省生物课程基地建设等情况。面对母校所取得的骄人办学成绩,刘将军连连感叹,深为母校的高位发展、特色发展感到由衷的骄傲与自豪。

参观完校园,大家一起到接待室座谈。刘将军拿出他珍藏多年、纸质已泛黄的中学时代证件。其中有入团通知书,也有高中毕业证书;有高考志愿草表,也有各科优异的成绩报告表;有全校英语朗诵一等奖的奖状,也有军事野营训练成绩突出的表彰。在团员通知书上,我们清晰地看到刘将军当年用钢笔工整记下的颁发团徽时间，入团宣誓时间、地点及领誓人。在高考志愿草表上，刘将军大部分填报的是高校无线电系或无线电工程系。刘将军兴致勃勃地告诉大家，在中学学习期间，他不仅努力投入学习，同时还积极参加学校的各类活动。尤其对他影响较大的是，他曾经担任学生会宣传部部长，直接具体负责音响、宣传等，并由此对无线电产生了浓厚的兴趣，最终在高考中如愿考入了第一志愿——上海交通大学无线电系。这一点让我想起了普爱校歌中的几句话："锻炼、锻炼，修养、修养，人格需高尚，身体需健康，学问需丰富，精神需欢畅！"在新海八十余载普爱教育的历程中，文化知识的学习永远不是唯一的主题。在这里，人格的健全、身心的健康、兴趣的培养、持续的发展等，才是教育的目标与追求。

因为有事，所以刘将军只能在连云港待两天。11 月 27 日中午 1 点，我和司机大伟如约赶到开发区高速路口，准备送将军回老家无锡。很快，刘将军就在他的侄辈们陪同下赶到了。我们便直接转上了高速。

"刘将军，您可以在车上睡一会。这几天在连云港忙忙碌碌，也没有时间好好休息。"上车后，我说。

"没事，还行。"刘将军的脸上泛着红光，"这次回来，我很高兴。"

"刘将军，去年校庆的时候，没能联系到您。这次因为墟沟小学百年校庆联系上您，真是太好了。下次校庆日的时候，一定请您回来参加我们的纪念活动。"

"没联系上也怪我啊。我好长时间没回来了，不容易联系上啊。明年校庆日,我一定争取回来。再说,明年也恰好是我从母校毕业50周年,有纪念意义啊。"刘将军显得非常高兴。"到时候,我再联系一下我们62届的同学,一起回母校聚聚。"说完,刘教授略微停顿了一下,陷入了短暂的凝思。也许,这个话题让他想起了曾经的学习生活和纯挚的同窗友情。

"到时,您可以给我们的学生做报告。"

"我在其他的学校讲过。学生们兴致很高,老师们也很感兴趣呢。这些方面的情况,平时毕竟接触得较少。"

"是啊,我们平时在报刊、电视上只能了解到航天、军事方面的大概情况。"

"在有些方面,我们国家依靠自主研发,取得了突出的成果,处于世界一流水平。但是也有一些方面,因为依赖性强,技术水平就相对落后。有时候,成果是被逼出来的。当今世界,科技发展,实力过硬,才有发言权。"说到这里,刘将军微微一叹,不再出声,目光凝视着道路的前方。

在路上,刘将军又向我们介绍了自己出国访问中的所见所闻所感,有载人航天、远洋测量、卫星发射等高科技,也有出访交流中待人接物的处事习惯与民族习俗等小细节。

快到无锡时,刘将军通过手机将他的电子邮箱发给我,并希望我能通过"MSN"将他这两天在母校拍的照片传给他。当得知我用的是网易"126"邮箱后,刘将军又兴致勃勃地向我介绍"LIVE"邮箱的优点。

不知不觉,天色已黑。无锡收费站出现在一片灯火辉煌之中。我们一起下车与刘将军握手,依依道别。

回来的路上,起了大雾,高速路上能见度只有几米,我们的车子只好慢慢地往前挪动。在这样徐缓而寂静的氛围中,慢慢地回想着一路上将军的话语,心中便涌起了阵阵的感动。

(作者 吴海军)

二、普爱要求教师有充满责任之爱

师爱,是一种与情爱、母爱不同的社会性情感。它是一种在学校这一特定环境中形成与发展起来的,与社会性需要紧密相联的崇高的情感和情操,是人类特有的一种深沉、持久、无私的理智之情和理性之爱。教师对学生的这种深厚的情感,不仅仅是出自个人的思想,也是出自社会的需要、教育的需要,是一种包含着深刻社会内容和社会意义的情感。因此,师爱"是一种无私又崇高的事业爱、理想爱、奉献爱,它凝结着教师对理想的憧憬,对真善美的追求,对自身价值的尊重"①。这种爱是稳固、深厚的,是与教师所肩负的社会责任和事业使命紧密相联的,是教师在充分认识到教育存在的重大意义和价值后对学生本身所怀有的一种深厚、真挚的感情,这种爱具有高度的自觉性、坚定性、持久性和稳定性,是一种事业之爱,是充满社会责任感的爱。我校在培养教师的责任方面,从制定各岗位教师的教育教学责任制度做起,切实落实广大教师的具体责任。在此基础上,广大教师积极履职,经过阶段性努力,现已将原有的制度层面的责任化为高度的自觉行为。广大教师在教育教学中都能做到严谨、科学地对待每一节课以及与学生的每一次思想交流。

在这里,我想讲一个发生在我们身边的真实的故事。

2006 年 5 月 29 日,距离高考还有 9 天。我校高三(7)班田佳佳同学

---

① 朱小蔓,梅仲荪. 儿童情感发展与教育[M]. 南京:江苏教育出版社,1998:400.

的父亲在一场车祸中不幸去世,母亲身受重伤,被送到医院抢救。得知消息,我当时心中极为矛盾和痛苦:如果让田佳佳知道这一噩耗,难免会影响其高考的正常发挥,甚至影响其一生。经过慎重考虑,反复思量,并与田佳佳的亲人再三商议,最终,怀着崇高的责任感,我做了一个大胆的决定:向田佳佳隐瞒消息,严格缩小知情人范围,确保他顺利参加高考。在田佳佳考完最后一门物理后,我首先安排他舅舅陪他饱餐一顿,然后再告诉其父母的不幸消息。

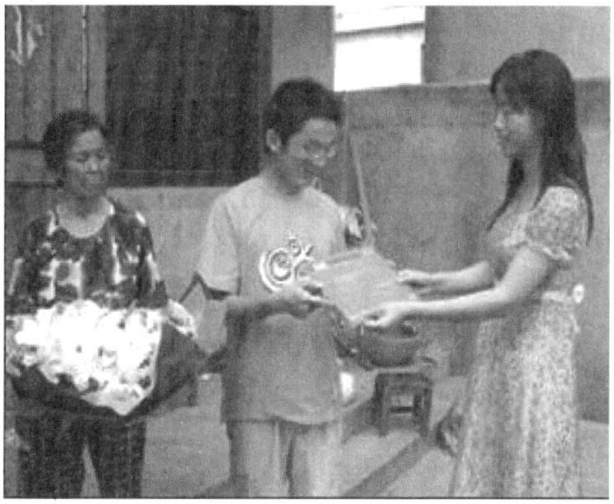

为了让田佳佳有更好的发展,进一步帮助这个遭遇不幸的孩子和他的家庭,我依然怀着一份高度的责任感决定将这份爱心延续下去。我与东南大学、南京理工大学、南京航空航天大学等知名高校取得联系,并将田佳佳的相关情况向上述学校招生部门进行了通报。当省内高校部分招生工作人员得知我们用“善意的谎言”帮助田佳佳完成了高考后深受震动。他们结合田佳佳高中阶段的表现和学习成绩,均表示在高考成绩揭晓后将尽力为田佳佳开设绿色通道,在尊重田佳佳志向的前提下,为其提供更适合的专业。田佳佳的老师、同学和家人得知新海高中已为其与高校“对接”的消息后,都为田佳佳感到高兴,同学们也都为能在新海高中生活学习感到自豪。7 月中旬,田佳佳接到了南航当年在江苏省发出的第一份录取通知书,成为一名光荣的国防生。面对采访的记者,田佳佳泪流满面:“至今甚至永远,我都不会忘记，在高考前，李校长几乎每天早晨都要到高三看望我们，从他的目光中，我能读懂什么是博大的关爱，什么是殷切的希望。”

苍梧晚报

港城的晚报
时尚 高雅 可读

高考前一考生父母遭遇车祸，父亡母伤，师生和亲人为他共守12天秘密

善意谎言助他走完高考路

今日天气

渔民上岸 大海“休息”

海州湾下周伏季休渔

现在，田佳佳已成为了中国人民解放军空军队伍中光荣的一员。田佳佳的事情引起了社会的广泛关注，江苏教育电视台、《新华日报》《扬子晚报》《连云港日报》等省市各主流媒体纷纷跟踪报道，尤其是《连云港日报》以《爱铸师魂》为题，进行了整版报道，掀起了争献爱心的热潮。连云港市委把“新海高中群体”作为年度“感动港城十佳新人新事”候选人，产生了强烈的社会反响。

当然，在各级主流媒体纷纷报道并充分赞许学校处理方法的同时，我们也听到了一些不同的声音。例如，江苏省昆山中学洪敏老师就曾写了一篇题为《“田佳佳事件”应该发生吗?》，文中列举了部分较为典型的反对者观点，其主要理由有这样一些：

一是“田佳佳事件”是裹着善意糖衣的残忍，实质上折射了今天中国的基础教育“高考就是一切、一切为了高考”的现实状况,以及由此带来的人性的缺失,是一种典型的异化和变态。父母亲情是唯一的、至高无上的,高考、前途固然重要,但它与亲情、与亲人的安危和生命相比到底孰轻孰重,难道不值得思考吗?“可以弥补的”(高考的机会并非只有一次,成功的道路也并非只有一条)难道不应为“不可弥补的”让路吗?

二是“田佳佳事件”反映了学校对人权的漠视。在此过程中,田佳佳至少有两个权利没有得到尊重,一是知情权,二是与亲人相处、对亲人关爱的权利。可以想见,在这十多天内,孩子的母亲完全可能不治身亡。如果真的出现这样的情况,我们该如何面对孩子?我们又如何让学生们懂得什么是爱?即使孩子的父亲当场死亡了,难道我们就可以肆意剥夺孩子最后看一眼父亲遗容的权利吗?

三是我们不应该低估孩子的心理承受能力。如果田佳佳是个心理承受能力强、懂事的孩子,他一定能尽快地化悲痛为力量,应对好生活的挑战。如果田佳佳是个心理脆弱的孩子,那么即使在高考后,他同样难以承受这一悲剧的打击,会长时间地生活在阴影中。而且,如果在高考前让他知道父母的噩耗,一方面有老师、同学的陪伴,一方面又面临着高考,或许更有利于他走出悲痛和阴影。

说心里话,对于这些观点,我在当初做决定的时候也都曾预料到过。也正是因为如此,告知田佳佳还是不告知田佳佳,的确是摆在当时的我面前的一个难题,让我充满了极为复杂的矛盾心情。我清楚地知道,从客观的人性角度而言,子女应该与自己的父母见最后一面——毕竟是最后一面，而且这么多年的养育之恩尚未及回报。但是，我更清楚地知道告知田佳佳实情的后果。不要说是一名高中生，即使是一位成年人，在这样的灾祸与打击面前，恐怕也难以承受。如果真有所谓在天之灵，我想，田佳佳的父亲也不会希望出现这样的后果。毕竟，田佳佳的父亲去世已经是一个无法挽回的事实，所有活着的人都无法接受这个事实，更何况田佳佳还是一个孩子。所以，经过反复思量，我还是决定向田佳佳隐瞒这个不幸的消息。随后，我尽快把这个想法向上级领导汇报，向我的同事们咨询，并和田佳佳的舅舅等亲人反复商量。结果，令我欣慰的是，我的想法也得到了他们绝大多数人的支持。在这些支持中，我至今也忘不了那些善意的提醒。那就是这样做可能会带来不同的声音，以及这些声音可能对我的心理产生的压力和影响。但是，作为一个校长、一个师长、一个骨子里浸润着新海绵绵不绝的“普爱”之血的新海人，我不能看着一个孩子在这样天大的打击面前很可能就一蹶不振，我有义务也有责任用爱心呵护我的学生们。只要这些孩子们能够健康快乐地成长，我即使遇到一点不理解甚至是误解和委屈，也是值得的。在这一切面前，我愿独自面对。

至今，我依然坚信并且不后悔当初的选择。在这个世界上，很多事情难以尽如人意，尽心才能无怨无悔，时间会印证一切。

2010 年 10 月 15 日，我校举行了建校 80 周年庆典。远在千里之外的田佳佳尽管因为部队训练无法脱身回母校庆典现场，但他还是把自己的祝福带到了母校。通过电话，田佳佳表达了对母校的感恩与祝福：

大家好，我是田佳佳。我 2006 年从新海高级中学毕业，到南航学习了四年，我现在已经毕业，并分配到空军某部工作。我之所以有今天的成绩，是与母校的领导和老师们的关怀分不开的，感谢母校三年来为我提供优良的学习和生活环境，感谢李宏伟校长和宋永惠等各位老师对我的关心。在母校八十年华诞之际,我衷心地祝福母校人才辈出,再创辉煌!祝校领导和老师们身体健康,工作顺利!祝学弟、学妹们学业有成,快乐成长!

可以说,我们用爱心成就了田佳佳,在田佳佳的心中种下了一颗爱的种子。我坚信,在以后的日子里,田佳佳心里这颗爱的种子定会发芽、生根、开花、结果,怀着一颗感恩的心学习、工作、生活,用我们教会他的爱去爱他人,爱社会,爱国家,爱一切。这,也正是我所倡导的普爱教育的目的。

附一:《新华日报》报道,新浪网、龙虎网均全文转载报道

"善意谎言"帮他完成了高考

——发生在连云港新海中学的一件感人故事

2006 年 6 月 12 日

6 月 9 日,连云港市新海高级中学高三(7)班学生田佳佳,在结束高考 1 小时后,知道了一个迟到的噩耗:12 天前,他的父亲在一场车祸中去世,母亲身受重伤,至今仍在医院治疗。

此前,为了让田佳佳安心参加高考,他的老师、同学和亲人达成共识:掩藏真相,等高考结束再告诉他……

一

5 月 29 日,距离今年普通高考还有 9 天。上午 10 时,两名男子急匆匆地来到新海中学,面带忧愁地对接待他们的高三年级管委会主任李兴远说:"我们是田佳佳的亲戚,他的父母早上驾驶摩托车出了车祸。父亲当场死亡,母亲正在医院抢救……"

李兴远迅速找来田佳佳的班主任宋永惠,并向校长李宏伟

新华日报

XINHUA DAILY 重要新闻 A版

2006年6月12日

『善意谎言』帮他完成了高考

——发生在连云港新海中学的一件感人故事

汇报。

田佳佳，18岁，男，一位品学兼优的学生，十分有望考上重点本科。他的父亲是连云港开发区中云乡隔村村民，靠帮村民盖房谋生，母亲在家务农。

“如果让田佳佳知道这一噩耗，难免会影响高考正常发挥，甚至影响其一生。”经过反复思量，三位老师一致做出决定：向田佳佳隐瞒消息，严格缩小知情人范围，确保他顺利参加高考。

二

为了对田佳佳封锁噩耗，宋老师找来班长刘浩和与田佳佳同一宿舍的王恋两名同学，希望他们能够时刻“监视”田佳佳，如有异常情况，迅速报告，同时通知田佳佳的奶奶等亲属，相约保守秘密。

6月1日，田佳佳往家里打电话，一直没人接听，之后便准备收拾书本回家一趟。刚一听完王恋汇报，宋老师随即快步来到教室。

“复习这么紧，我还要讲试题，你先别回去。你父亲不是给别人盖房子吗？很可能是房主想赶工期。要不，我帮你打电话去问问……”宋老师分析到位，话语似乎不容置辩且透出几分严厉。一贯懂事听话的田佳佳，没有表示异议。

随后，宋老师与田佳佳的舅舅取得联系，并一起“策划”出

“父母带奶奶到上海治病”的谎言。接到舅舅的电话后,田佳佳打消了回家的念头。接下来几天,田佳佳全身心投入到高考前的最后冲刺之中。

考虑到6月6日学校放假,不少住校学生会回家休整一天,宋老师在6月5日下午找来武传雷和胡亚洲等数名成绩一向稳定、良好的同学,想出一个自然而可行的挽留计划:以考前强化训练为名,当晚和6日将包括田佳佳在内的几名学生留在学校上自习。

三

6月7日至8日,田佳佳在宋老师的亲自“护送”下,精神饱满地完成了语文等四科考试。8日下午,校长李宏伟定下计划:鉴于高考消耗体力、精力都很大,次日中午等田佳佳考完最后一门物理后,首先安排他舅舅陪他饱餐一顿,再告诉其父母的不幸消息。

9日上午11时,田佳佳和许多考生一样,带着轻松的微笑走出考场……至此,田佳佳的高考在所有关心他的人所编织的善意谎言中顺利结束。

(本报记者　王佩杰)

附二:《扬子晚报》报道

成绩出来了,田佳佳电话谢恩人

2006年6月29日

“这次高考我考了586分,为了减轻家庭负担,在学校的帮助下今天刚刚填报了南京航空航天大学的国防生!”昨天上午,本报曾在6月11、12两日连续报道的田佳佳特意打电话将这一好消息告诉了记者。

扬子晚报
新闻聚焦 A版
2006年6月29日 星期四 农历丙戌年 六月初四
成绩出来了，田佳佳电话谢恩人

经过一段时间的调整，目前佳佳已经能够面对现实，正在慢慢走出家庭变故的阴影，在电话中“露”出了难得的笑容。佳佳母亲王季梅在知道儿子考取了理想分数后，这位从死亡线上挣扎回来的母亲激动地流下了热泪，全家人也都感到很欣慰。更让田佳佳一家人感动的是，社会各界对他们的关心，自从田佳佳得知有好心人替他报名参加了扬子晚报的利群阳光助学行动后，他对将来的大学生活已经充满了信心。

电话打到一半，田佳佳激动地告诉记者：“高考结束已经十几天了，痛苦的记忆难以抹去，家人的不幸和社会对我的关爱，让我体会了很多人生况味，十多天来，社会各界的关心和爱护让我感受到了一阵阵温暖，这关爱太多、太深、太浓，让我都不知用什么样的话语表达感激。最让我难忘的是我的母校新海高级中学的领导、老师和与我朝夕相处的同学们。他们瞒了我12天,让我顺利通过高考,是他们给了我和家人一个光明的未来;还有与我朝夕相处的同学,他们牺牲自己的时间陪伴我,高考前每一分钟都贵过黄金,这是怎样的手足情谊。我躺在病床上的妈妈也多次流着泪说:'谢谢你们,谢谢你们救了我们一家。'在以后的日子里,我一定会加倍努力,来报答母校和社会各界的关爱,不管何时何地我都会用自己的行为来帮助困难中的人,用我的行为让爱心延续。真心地谢谢你们。"

（本报记者　李海勇）

附三:《连云港日报》报道

高考前,父母遭遇车祸、父亲遇难;12天,师生共守秘密
真情谎言伴他冲刺高考

2006年6月10日

昨天中午12时,刚刚结束高考的新海高级中学高三(7)班田佳佳回到中云街道隔村的家中,迎接他的不是父母的笑脸,而是父亲的遗像!直到现在,他才知道一个已经整整迟到了12天的噩耗:疼爱他的父母遭遇车祸,父亲当场死亡,母亲还在市第一人民医院东方分院抢救,人事不省。为了让他顺利完成高考,班主任宋永惠和全班50位同学为佳佳共同保守了12天的秘密。

5月29日早晨5时40分左右,田佳佳的父母驾驶摩托车外出打工,被一辆突然高速转弯的汽车碾在了车下。田佳佳的父

2006年6月

10日

星期六

新闻 5802210

热线 5055555

连云港日报

LIANYUNGANG DAILY

国内统一刊号：CN32—0041　第8318期　http://www.lygnews.com　今日八版

"港东名品"杯

好标题大赛

高考前，父母遭遇车祸、父亲遇难；12天，师生共守秘密

真情谎言伴他冲刺高考

亲当场死亡，母亲头部重伤，虽然进行了开颅手术，但至今生命垂危。消息传到新海高级中学，班主任宋永惠心被狠狠地揪住了：在为田佳佳感到难过的同时，如何让佳佳平静走进高考考场成为一个首要的问题。佳佳是一个成绩优秀的学生，正常发挥应该能考取重点本科。学校校长李宏伟、班主任宋永惠在跟田佳佳的舅舅协商后，迅速做出了共同为田佳佳保守秘密的决定。

距离高考还有整整12天，敏感的佳佳会不会发现家中的异常？会不会有同乡同学走漏风声？怎样才能守住秘密，让佳佳完成高考？一串串的难题缠绕在校长李宏伟、年级主任、班主任的心头。严格控制知道消息的人数，除了李宏伟校长，学校几名副校长也一直到佳佳走进最后一场考试科目物理的考场才知道实情。班主任宋永惠在5月29日当天就一个一个地找到佳佳的四位舍友和几位老乡谈话,请他们保守秘密,并留意佳佳的情绪状态;所有知情的老师、学生相约不要过度关心佳佳,以免让他起疑心;佳佳舅舅及时通知了所有亲戚保守秘密;田佳佳的奶奶拔掉家中的电话线……大家用自己能想到的一切,保守着这个谁也不愿意说出的实情。

尽管学校做了周密的安排,但经常和父亲通电话的佳佳很快就因为一直打不通家里电话而有了不祥的预感。“我家里是不是出事了?”每当佳佳在宿舍说出这样的话,已经知道实情的舍友就会故作轻松地安慰他:“怎么会啊?不要杞人忧天!”6月1日,佳佳径直找到宋永惠老师的办公室:“老师,我怀疑家里出事了,我要回家看看!”“你爸妈在外赶工盖房,你不要多想,安心备考,这个时候不许请假。”宋永惠硬是用班主任的权力强留住佳佳。6月4日晚上,已经七天没有打通父母电话的佳佳再也控制不住自己的恐惧感,他开始收拾物品想回家看看。舍友武传雷、胡亚洲发现佳佳异样后,赶紧与班主任宋永惠联系。宋永惠当即用电话与佳佳的亲戚串好“台词”,并及时赶到宿舍,大家用“奶奶的哮喘发作了,还引发了心脑血管疾病,你的父母带着奶奶去上海治病了”的谎言再一次稳住了佳佳。6月6日,是高考前最后一次放假,住校生们都放假回家做迎考准备。尽管一个多月没有回家,佳佳所在班级的5位住校生还是不约而同地选择了留守。“如果我们回家了,佳佳肯定也要回家,那我们苦苦保守的秘密就会泄露,佳佳承受不了打击,怎么高考!”就这样,直到昨天中午,佳佳看见父亲遗像那一刻,才明白了一切。

眼前是抹着眼泪的庄邻,刺进耳膜的是奶奶撕心裂肺的哭声。佳佳跪倒在父亲的遗像前,磕下几个响头,放声大哭,瘫倒在地。昨天下午2时多,佳佳赶到殡仪馆见了父亲最后一面;4时25分,佳佳捧着父亲的骨灰回到家中;5时,佳佳在亲戚们的陪同下来到医院,一直神志不清的母亲看到佳佳的到来,呆滞的眼神瞬间发出了光彩,她艰难地竖起吊着针管的手,努力伸向儿子的脸庞。佳佳一步步迈上前去,紧紧握住妈妈的手,一句话也说不出来。

虽然佳佳在真情谎言的相伴下,完成了高考的冲刺,但接下来他还将面临填报志愿、大学学费、照顾母亲等种种难题。校长李宏伟表示,学校将对佳佳的志愿填报、心理疏导、今后的大学学费负责到底。目前,佳佳的母亲已经花费3万余元,原本幸福美满的家庭陷入困境,今后的路怎么走,18岁的佳佳还很迷茫,本报也将对佳佳的命运加以关注。

(本报记者　颜士友　朱萍　袁春梅)

附四:《苍梧晚报》(连云港)报道

田佳佳感谢新海高中和关心他的人

2006年6月26日

本报讯　昨天下午4时,田佳佳来到本报,将他写的一封信交到记者手中,他想通过本报,感谢新海高级中学和所有关心他的好心人。

田佳佳告诉记者,他来报社之前,还在医院照料他的妈妈。他的妈妈和弟弟希望他通过本报感谢新海高中的师生,感谢所有关心、帮助他们一家的好心人，还要特别感谢本报和多家媒体，是这些好心人的帮助和爱心，让他们一家有了光明的未来……

田佳佳在信中写道：

亲爱的苍梧晚报的叔叔阿姨：

你们好，我是田佳佳。请允许我代表我的妈妈、弟弟和已不在人世的爸爸，借贵报一角，感谢我的母校新海高级中学，感谢所有关心我的好心人，尤其还要感谢像《苍梧晚报》这样拥有爱心的媒体。

高考结束已经十几天了，痛苦的记忆难以抹去，虽然刚刚十几天，但对我来说却十分漫长，总难以相信这是事实，仿佛还感到爸爸的气息，看到爸爸的微笑……家人的不幸和社会对我的关爱，让我体会了很多人生况味，十多天来，我发现，社会各界的关心和爱护让我感受到了一阵阵温暖，这关爱太多太深太浓，让我都不知用什么样的话语表达感激。

最让我难忘的是我的母校新海高级中学的领导、老师和与我朝夕相处的同学们。他们瞒了我12天，让我顺利通过高考，是他们给了我和家人一个光明的未来。学校领导和班主任宋永惠老师为我操了许多心，多次为我的事开会。至今甚至永远我都不会忘记，在高考前，学校李宏伟校长几乎每天早晨都要到高三看望我们，从他的目光中，我能读懂什么是博大的关爱，什么是殷切的希望。还有与我朝夕相处的同学，他们牺牲自己的时间陪伴我，高考前每一分钟都贵过黄金，这是怎样的手足情谊。

我还通过《苍梧晚报》得知，学校领导为我联系了好几所大学,帮我的未来做打算。今年我的母校新海高级中学的高考成绩创历史新高,也是在全市考得最好的中学。我作为新海高中的学生,深深感受到她以人为本的原则,以及对每一个学生的培养、关爱与塑造,这些也都已成为我刻骨铭心的记忆和一生最宝贵的财富。

我还要感谢市教育局的王淮龙局长、韩金山副局长,他们到我家里来看我,安慰我的家人,还有华怡翠钻、中云办事处、中云中学、第一人民医院东方分院、市职教中心、红旗服装厂、亚光眼镜店、阳光篮球队、民生幼儿园以及那么多关心我、资助我、为我落泪的人。我躺在病床上的妈妈也多次流着泪说:"谢谢你们,谢谢你们救了我们一家。"

在以后的日子里,我一定会加倍努力,来报答母校和社会各界的关爱,不管何时何地我都会用自己的行为来帮助困难中的人,用我的行为让爱心延续。

真心地谢谢你们。

田佳佳

2006年6月25日

(本报记者　樊晓姝　王雪峰)

附五:《江苏教育研究》(2006年第10期)刊文

善意谎言的教育魅力

——关于"田佳佳事件的思考"

读了这篇报道,我由衷地为这个不幸而又有幸的孩子祝福,为如此良苦用心的学校领导、老师和同学而喝彩。感动之余,我也感受到了一种“善意的谎言”的魅力。

谎言,通俗地说,就是指假话,骗人的话。从心理学角度分析,说谎是人的一种本能,也许从小到大,还没有人没说过谎的。从语言学的角度看,谎言本质上只是一种语言现象而已,其本身并无好坏之分。但从伦理学的角度说,谎言则意味着不真不诚。中国谚语有云:“谎话,像雾;大话,像雷;惟有实话,才像滴滴春雨。”当然,凡事须辩证分析。从恨而起、以损人害人为目的的谎言是可鄙的;而由爱而生、以助人利人为追求的谎言却是美丽的,它如同一缕阳光,不经意间就会温暖一颗冰冷的心!它所流露出的关爱真诚如同泉水般清新自然,它所传递的善意拉近了人与人之间的距离,使我们的生活充满了温馨。在我们的教育教学工作中,若能恰到好处地运用,“谎言”也可变成一朵散发着淡淡清香的花儿,温馨你我,将幸福传递。

一、善意的谎言是激发学生人生信念的“孵化器”

出于美好愿望的谎言,是人生的滋养品,也是信念的源动力。它让人从心里燃起希望之火,确信世界上有爱、有信任、有感动,因而找到更多笑对生活的理由。有一位中学语文教师,他为每名学生预测未来:你将来可能成为数学家,他能当作家,那一个具有艺术天赋……在老师的指点、熏染、鼓励和塑造中,孩子们变得勤奋刻苦,懂事好学。几年后,大批学生以优异成绩迈进大学的校门。人们都以为这位老师能掐会算,可以预知未来。其实,老师的良苦用心是将一个美丽的谎言种植在孩子的心灵,用这善意的谎言催生了“皮戈马利翁”效应,就像播一粒种子在土里,终将枝繁叶茂、开花结果。

一位曾经不爱语文的大学生这样回忆他的转变经历：那天，老师拿着刚检查过的日记本对我讲："你的日记写得很棒，思路清晰，语言流畅，并有独到见解，将来肯定有出息。"老师的话使我非常兴奋，自己有着这么高的天赋，为什么不好好发挥它呢？从这天起，我真的喜欢上了语文课。许多年以后，同学聚会时谈起这件事，大家笑得前仰后合，原来，并非中文老师对我独爱，他对班级里的许多同学都讲过同样的话！

善意的谎言，是赋予人性的灵性，体现着情感的细腻和思想的成熟，促使人坚强执着，不由自主地去努力去争取，最后战胜脆弱，绝处逢生。读美国短篇小说《最后一片叶子》，眼睛总是潮湿湿的。当生病的老人望着凋零衰落的树叶而凄凉绝望时，充满爱心的画家用精心勾画的一片绿叶去装饰那棵干枯的生命之树，从而维持一段即将熄灭的生命之光。这难道不是谎言的极致吗？

二、善意的谎言是维护学生人生自尊的"保护伞"

心理学研究告诉我们：只有将爱的情感转化为满足一个人合理而迫切需要的行为时，才能从根本上引发其积极的情感反应。善意的谎言满足了孩子此时的情感需求，唤回了孩子即将退却的自尊，又能激励孩子奋发向上。那么，我们何乐而不为呢？

有这样一个案例：一个初三的女学生深深地爱上了她的一个男教师而不能自拔，于是写了一封热烈的情书投入了邮箱，过后她又自怨自恨，恐惧万分，怕家长知道责骂，怕同学知道讥讽，怕这位老师从此鄙视她，她因此而感到无地自容，甚至想到死。

她想将信从邮箱取出,但已不可能。第二天只好硬着头皮上学。但看看老师的眼光,正常;同学的目光,正常;家长的目光和举动也没有什么异样。她的恐惧感渐渐地减弱了。但依然未免还有些紧张。过了几天,这位男教师借故在班上发了一通牢骚,说现在的邮局真不负责任,常常将他的信件给弄丢了。这位女生听了,一块巨石终于落地了。好像一切都没有发生。

俄国教育家别林斯基曾说过:"自尊心是一个灵魂中的伟大杠杆。"一个人若失去了自尊将是多么的可怕。这位男教师没有将信交给校长,以表明自己的清白;也没有将信交给家长,以显示自己的高尚;更没有找学生来教育一番。他选择了善意的谎言,以一种无形的爱巧妙地保护了这位女学生的自尊。这才是对学生高尚的纯洁无私的爱啊!

三、善意的谎言是开启学生智慧之门的"金钥匙"

人有许多潜力,但潜力有时是需要唤醒的。对于中小学生来说,尤其如此。面对反应较慢的所谓"差生",老师们往往是苦口婆心,却收效甚微。然而常识告诉我们,即使"差生"也并非没有潜力,恰恰是我们没能把其潜力巧妙地唤醒。而善意的谎言有时却能产生神奇的效果。下面的案例或许会给我们深深的启迪。

一位妈妈养了一个儿子,儿子并不聪明,从小到大,儿子基本上都在差生行列中,很少是优秀的。每一次家长会,老师总会告诉他的妈妈他表现不好,可是每一次家长会结束,妈妈都会用善意的谎言告诉儿子,老师对他很满意,以此鼓励儿子进步。初中的一次家长会,妈妈坐在儿子的座位上,等着老师点她儿子的名字,因为每次家长会,她儿子的名字在差生的行列中总是被点到。然而,这次却出乎她的预料——直到结束,都没有听到。她有些不习惯,临别时去问老师,老师告诉她:“按你儿子现在的成绩,考重点高中希望不大。”她怀着惊喜的心情走出校门,此时她发现儿子在等她。路上她扶着儿子的肩膀,心里有一种说不出的甜蜜,她告诉儿子:“班主任对你非常满意,他说了,只要你努力,很有希望考上重点高中。”孩子听了,拼了命地刻苦学习。后来高中毕业,他被清华大学录取了。他哭着对妈妈说:“妈妈,我知道我不是个聪明的孩子,可是,这个世界上只有你能欣赏我……”

魏书生先生说:“当我把周围的人都看成天使的时候,我觉得自己天天生活在天堂里。”儿子就是妈妈眼中最可爱的天使!是爱和赏识产生了神奇的力量!所以才有了这浸透爱意的美丽的谎言,才有了这个孩子一个又一个的进步,一次又一次的超越,才有了他走进清华学府的现实。这位执着而智慧的妈妈用这美丽的谎言,把一个幼儿园的“差生”一步一步地造就成清华大学的优生。正是这美丽的“谎言”焕发了儿子的生命智慧啊!

四、善意的谎言是和谐师生关系的“润滑剂”

人不是一个独立体,人总需要交往,而善意的谎言就是人际交往中的一种润滑剂,就像在一位极为好客但厨艺实在不敢恭维的朋友家里用餐一样,面对朋友一个热情的问题:“为什么吃这么少呢?是不是我煮得太难吃了?”我们总会很礼貌地做出一个回应:“哦,没有,可能今天我的胃有点不舒服。”多么得体的一个回答,这在生活中不是特例,这样的善意的谎言,使我们做人做得更加成熟,而且这也是一种不可或缺的交际礼仪。

有这样一个真实的故事。一节自习课上,学生们聚精会神地写着作业,一向调皮好动的刘阔也写得那样认真,老师的脸上露出了满意的微笑。忽然刘阔撕下刚才写的一页纸揉成一纸团向后面的孟令悦丢去。纸团撞在了郝运脚下,他拾起来。这时老师忽然想到了什么,迅速来到郝运跟前,从郝运的手中拿到了那个纸团。他一点点展开,同学们在用一种渴望加愤怒的眼神看着他,好像在说:“老师快读呀!”好教训一下那个调皮鬼,让他威风扫地,看以后还欺不欺负孟令悦。这时,纸展开了,上面歪歪扭扭地写着:孟令悦是个大坏蛋,这学期打算答两个0分。看着同学们渴望的眼神,又看了看刘阔深埋在桌格当中的头,孟令悦失去勇气和信心的眼神。只一瞬间,老师便大声念道:“没有比人再高的山,没有比脚再长的路,孟令悦你这学期一定会取得更大的进步。”因为假期曾布置学生收集格言、名言、警句等作业,所以同学们谁都没有怀疑。一下子紧张凝固的气氛变成了一阵自发的热烈的掌声。那颗深埋在桌格内的头迅速地抬了起来,眼神中充满了感谢与愧疚。那失去勇气与信心的眼神一下子明亮起来。从此,这两名同学的成绩直线上升,而且还成了形影不离的好朋友。没想到一次善意的谎言竟换来了如此巨大的效果。

五、善意的谎言是愈合人生不幸的“灵芝草”

人生的任何不幸都是残酷的,都是对人灵与肉的双重折磨。面对不幸,再多的劝慰往往也只能是隔靴搔痒。这时,我们或许需要寻找更为艺术的思路将不幸愈合。医生一句善意的谎言,也许会让垂危的病人走出恐惧，走向生的希望；父母一句善意的谎言，会让涉世不深的孩童脸若鲜花，灿烂生辉；老师一句善意的谎言，会让彷徨学子不再困惑，更好地成长……

一个得了白血病的小女孩，在她生命的后期，当医生问她最大的心愿是什么时，她说想去天安门看看升旗仪式，对一个生命垂危的女孩的最后心愿，医生和家长哪有不满足的理由呢？但是因为她的家住在遥远的新疆，如果满足她的要求，医生怕女孩经受不住旅途的劳累，于是一个由2000多名志愿者和医生还有女孩的家人组织的集体编造谎言的活动开始了，从上火车到改乘旅游公车，一路上，从报站到服务员端茶倒水，甚至到旅客的交谈，都是大家有意安排的。最后来到了一个学校，在军乐队伴奏的国歌声中，双目失明的女孩以为真的来到了渴望已久的天安门广场，当看到她无力地举起她的小手向国旗的方向敬礼时，在场的人们全都流下了热泪。

“从远处看，人生的不幸还很有诗意呢。”罗曼·罗兰这样说。诚如斯言。江苏省新海高级中学田佳佳同学在市教育局、学校及全年级师生的善意的谎言掩盖下，顺利地参加了高考并取得586分的好成绩（据学校证实，田佳佳同学高考前三次模拟考的成绩仅为555分、580分、563分）。2006年7月7日，一张编号为060001的鲜红录取书从南京航空航天大学招生办公室发出，田佳佳被该校录取到自动化学院探测制导与控制技术专业，成为江苏省首批完成录取程序的高考考生。南航派专人把通知书送达到田佳佳家中，高校和中学的爱心接力圆了田佳佳大学梦。善意的谎言美丽了。这美丽的谎言凝聚了多少爱心，而这不幸又因此蕴涵了多少诗意啊!

善意的谎言是美丽的。因为爱,所以善意;因为善意,所以美丽!作为一名教育工作者,当我们为了学生的幸福和希望适度地编织一些谎言的时候,谎言就变为了理解、尊重和宽容,就具有了神奇的力量,而我们澄净的心灵也会因为这善意的谎言而永远留存八个朴素而美丽的文字:上善若水,大爱无疆。

真的——教育有时需要善意的谎言!

(作者　韩金山)

第二节　普爱是一种强大的行动能力

弗洛姆认为,爱不仅仅是人的一种激情,更是一门艺术,是一门需要知识和努力才能学会的艺术。爱“与其说是一种情感,毋宁说是一种能力,一种态度”①。他还认为,爱的能力是经由自我内在意志的坚持以及长时间与人互动修炼得来,“爱是人与人之间的创造力”。对此,我很有同感。爱确实是一种能力,对于传播爱的教师而言,更需要提升爱的能力。爱的能力是一种综合素质的融合。教师所需的爱的能力主要表现为:感受爱的能力、表达爱的能力和传承爱的能力。

一、感受爱的能力

爱的前提是自身能够感受爱。只有感受爱,才会表达爱、传递爱。很难想象一个从来感受不到爱、内心冰冷的人能够去爱他人。要想成为一名合格的教师,必须对爱有超常的感受力。就职业特性而言,教师感受到的爱一方面来自学生,一方面来自职业。教师要能敏锐感受到来自学生

---

①　朱小蔓,梅仲苏.儿童情感发展与教育[M].南京:江苏教育出版社,1998:402.

的爱戴，并把它转化为工作的动力；更要能时时感受到作为教师的崇高，感受到职业的幸福。我曾写过一篇《对教师职业幸福感的思考》①的文章，谈的就是这个问题。教育是为人类谋福利的事业，教育的应然追求是人的幸福。应该看到，现实生活中还是有不少教师缺乏职业幸福的体验与感受，觉得从事教师职业没有多大意思。没有幸福感的教师培养不出充满爱心的学生，也就不能实现对教育本真的追求。教师职业幸福是教师自我实现的最好阐释，是学生健康发展不竭的源泉，是实现教育终极目的的有力保证。因此，我们特别注重提高教师对于自身职业的认可，让教师时时感受到爱的氛围。除了在工资福利、工作生活条件等方面下力气改善之外，我们还着力提升教师的思想意识。我校“普爱讲坛”至今已举办了近30期，其中的“观察与思考”“读懂学生的心”“与压力共舞”等专题，其目的就在于减轻教师的心理压力，提升教师对职业的幸福感和对爱的感受能力，让教师心中装满爱，并带着满腔的爱去关爱学生、关注教育。

从金华是我校的一位青年女教师，有一件小事让我对她有了新的发现：一天晚上，我照例到教学楼巡视。住校学生正在上自习，整个教学楼

---

① 李宏伟. 对教师职业幸福感的思考[J]. 江苏教育研究，2006(5)57－58.

内静悄悄的。刚进二楼的走道,我就看见从老师朝着教室走去。或许响底鞋的响声让她有所感觉,她忽然停下脚步,将鞋子脱下,拎在手里,轻轻走过教

室。远远看到这一幕,我很是感动,为一个老师能感受职业幸福、内心充满爱而感动。我想,当教师内心充满爱,我们的教育天地就必定不会荒芜。

媒体上曾经有一组照片,反映的是韩国高考。在高考这一天,很多低年级的韩国学生自发地聚集在考场周围,有的头戴写有励志标语的丝巾,有的手舞有励志标语的小旗,他们高声呼喊,为走入高考考场的学长加油、助威。当时看到这组照片,我一下子就想到了我校曾经出现的一幕场景。那还是几年前,高考前夕,我们学校专门为高三学子组织了一次考前励志大会。由于精心筹划,又时近高考,所有的学生都十分激动,以至于散会时学生都停在体育馆的会场,沉浸在感人的会场气氛中,不愿离开。几分钟后,学生回到教室。出现了教师们意想不到的事情。因为我们学校是高一、高二、高三三座教学楼几呈“品”字形紧邻在一起,所以当高三学生回到教室时,高一、高二两个年级的学生都激动地从教室的窗户打出“学长必胜”等励志横幅和图画,还有的学生手臂挥舞,呼喊加油。高三的学生则遥相呼应。瞬时,整个校园沸腾了。年级、学工部都打来电话表示担心。我带着他们赶到现场,看着学生们书生意气的状态,我受到了深

深的感染。我挥挥手,让年级和学工部的老师不必担心。我深深为高一、高二的学生感动,为了共同奋斗的学长,为了新海高中的荣誉,他们这种自发的友爱、集体荣誉感,是多么的可贵,多么的值得珍惜!作为教育工作者,怎能制止这样的爱的表达呢?自此以后,每年的高考前夕,我校都会出现类似的场景。至今,许多老师和学生都深深记得那激动人心的时刻。

二、表达爱的能力

冰心说:"有了爱,便有了一切。"①其实,在平常的教育过程中,只是心中有爱还不行,爱也需要表达,教师心中的爱更需要恰当地表达。

班主任任红英老师在一次班主任心得交流会上讲述了她的一个案例。刚进入高三不久,教务处就打来电话,告诉她上一届有一位休学的艺术生下周复学准备安排到她的班级,并告诉她,这个同学个性很强,曾经有过多次与老师同学相处不愉快的经历,提醒她注意。按惯例,在进班前班主任老师要与学生进行例行谈话。任老师面对这个学生,首先要求他把脖子上的挂件取下来,然后问了一个问题道:"你知不知道,学艺术的学生是什么样的学生?"这名学生马上显出一副玩世不恭的表情,说道:"知道,艺术生不就是全校的差生嘛?"任老师转述完这个问答后,与台下的班主任老师们进行了互动,她请台下的班主任老师就这名学生的回答设计一个应答方案。有的说:"很好,你很有自知之明,但你要用实际行动去改变人们的看法。"有的说:"是的,但我相信你应该是例外。"有的说:"其实也不一定,关键在于个人怎么做。"而任红英老师当时对这个学生是这样应答的:"你错了,艺术生是全校最善于发现美和创造美的群体。我相信

---

① 葛翠琳.大海与玫瑰[N].文艺报,1998-10-03.

你能在我们班发现并创造更多的美……”

听着这个案例,我陷入了深深的思考:爱学生是我们老师最起码的素质,同样是对学生的教育引导,可是为什么总有学生不理解老师的爱呢?我想,作为教师光有爱心是不够的,还要懂得如何去表达爱。

一是要能以维护学生自尊的方式表达。洛克曾经说过:“我们想使儿童变成聪明、贤良、磊落的人,用鞭挞以及别种奴隶性的体罚去管教他们是不合适的。”“儿童一旦懂得尊重与羞辱的意义之后,尊重与羞辱对于他的心理便是最有力量的一种刺激。如果你能使儿童爱好名誉,惧怕羞辱,你就使他们具备了一个真正的原则,这个原则就会永远发生作用,使他们走上正轨。”①因此,我们说普爱不能滥爱,不能自以为是,不能想当然地“爱”学生。真正地爱学生,就“应该倾听学生的声音”②,就一定要保护他的自尊心,维护他的荣誉,尊重他的人格。“尊重是人的基本需要,更是孩子成长的需要。”③上文例中面对这位艺术生的回答,有老师设计的应答是:“是的,但我相信你应该是例外。”这种表达看上去也是在引导保护学生的自尊,其实是在全盘否定艺术生的素质,其言外之意显然是只有个别例外的艺术生才是好学生,这样的回答不仅是伤了这一个同学的自尊,而是打击了一大片。所以,在思想层面,我积极引导教师将教育之爱演变为“推己及人之爱”,即关爱学生如同关爱自己的子弟。在制度层面,严格执行教师职业道德规范,并根据《规范》制定了我校教师职业道德和职业纪律细则,以确保学生的人格能够平等地得到尊重和健全。通

① 张焕庭.西方资产阶级教育论著选[M].北京:人民教育出版社,1979:65.
② 钱理群.中国教育的血肉人生[M].广西:漓江出版社,2012:90.
③ 陈玉琨.卓越校长的追求[M].上海:华东师范大学出版社,2012:29.

过长期努力，学生、学生家长以及社会各界普遍感受到作为新海高中的学生是幸福的。

二是要能以悦纳学生差异的方式表达。前面谈到普爱教育的基本要求是爱每一个人，而人与人之间是存在差异的，这就要求教师做到尊重学生的差异。“尊重学生的差异，让每个学生的潜能得到最充分的发挥，这是所有学校都应承担的社会责任。”①

教师首先要把每一个学生看成是活生生的、有独特个性的人，而不是把他们放在同一个模子里，对他们扼长补短，磨去棱角，锻打冶炼，使他们成为标准的产品。任红英老师在与那名学生对话的过程中不但承认艺术生与普通文化生的差异，而且以赞扬的口吻悦纳了艺术生的差异——善于发现美、创造美，让学生感受到教师对他的浓浓的爱，这正是表达爱的机智和能力。我国著名教育家蔡元培先生在担任北大校长期间，就大力提倡“尚自然、展个性”的教育精神。他在《新教育与旧教育之歧点》一文中指出：“知教育者，与其守成法，毋宁尚自然，与其求划一，毋宁展个性。”②这一观点也是以尊重为教育前提的。在办学过程中，我始终坚持把尊重学生差异、发展学生个性作为做好学校各项工作的前提，并力求将这一理念落实于教育教学的各个领域。比如，我校的作业是分星级的，学生可根据自身的学习水平自由选择各星级的作业；我校体育是选修的，在同一年级、同一班级设置了多种选修项目，由学生根据自身特点、兴趣爱好和特长进行自由选择；我们开设了百余门校本选修课程，并打破原有的班级建制，根据学生的选修情况重新编班组织教学；在百花齐放的社团活

---

① 陈玉琨.卓越校长的追求[M].上海：华东师范大学出版社，2012：39.

② 李雪.师爱论[D].南京：南京师范大学硕士学位论文，2004：33.

动中,更是兼顾学生差异、彰显学生个性,为学生的特长发展创设了更大空间。

三是要能基于学生的生活实际来表达。学生虽然是一个个未成熟的、发展中的个体,但他们仍然是一个个具有独特价值的完整意义上的人。因此,无论他们处于生命发展的哪一个阶段,我们都要承认他们的生命存在,肯定他们的价值。但是,我们现在的教育却在一直倡导着"为未来生活做准备"的论调,忽视甚至否认学生当下的生活价值和现时的体验。这种"预备论"的论调抹杀了许多的教育资源,并为摧残儿童稚嫩的心灵、强迫他们提前用忧愁和郁闷的眼光看似成熟地看待这个世界的做法提供理论支持。

为了让我们的教育切实建立在现实生活基础上,我一是坚持让老师们以写教育案例的形式研究高中学生的现实生活特征,特别是学生现实的心理需求,把握学生现实的生活状况,为实现对学生现实生活的尊重提供依据。二是要求教师宽容对待学生成长过程中的错误和不足,引导学生张扬个性,尊重学生的不同观点和意见,把生活真正还给广大学生,让学生真正成为生活的主人。在此基础上,对学生现实生活中出现的问题进行适度引导,真正唤醒广大同学对于生活的热爱,在现实生活中体悟人生,健康成长。

2013 年新学期,学校改变原有的晨会形式,不再由学工部老师组织,而是全部交给学生组织。刚开始,有的教师还有些担心,事实上,自第一次学生独立主持开始,大到本周晨会主题选择、班级特色介绍,小到背景音乐、主持串词、程序衔接等,学生都组织得井井有条、有模有样、个性鲜明。这一做法受到了学生的广泛欢迎和家长的大力支持。每次晨会,值周班级都精心策划,细心准备,让全体师生眼睛一亮。通过这些活动,不仅锻炼了学生自身的组织、协调、语言表达、文稿撰写等各项能力，而且各个班级增强了凝聚力、向心力和集体荣誉感。

因此，我认为，掌握恰当的表达爱的方式既是一种能力，也是实施普爱教育的保证。

三、传承爱的能力

作为爱的传播者，教师的职责不仅仅是爱学生，更重要的是让学生学会爱，把爱传承下去，用从教师那里感受到的爱去爱别人、爱国家、爱社会。因此，教师还必须担负起传承爱的责任，具备传承爱的能力。爱需要能力，爱自己的学生，这是浅层的能力，是作为教师所应坚守的最起码的道德底线，让你所爱的人爱你，这是更高层级的能力；让你所爱的学生去爱他人，爱社会，爱国家，这是最高层级的能力。对学生而言，“学会爱”是培养的目的；对教师而言，“会教爱”是能力的要求。“会教”既有途径方面的讲究，也有方法技巧方面的追求。途径方面，可以融进课程，立足课堂；方法方面，可以言传思想，身教示范。著名特级教师高万祥说：“教育的爱心是一种教育的圣心，爱心教育是教育人道主义的体现。世界上优秀教师各有各的优秀，但有一点是共同的，这就是拥有爱心。”一个人有爱心，往往是因为受到一个或一群有爱心的人的影响。教师有了爱心才会去爱学生。

这让我想起了我校著名校友，中国和平统一促进会原会长，台湾省的中华战略学会顾问、研究员，淡江大学国际事务与战略研究所客座教授吴仪先生。2010 年 10 月 15 日我校 80 周年校庆之际，老先生已 82 岁高龄，怀着学子对母校的一片深情，老先生不顾舟车劳顿，只身一人，登上了厦门开往连云港的客车，赶往母校。学校的接待人员非常高兴，同时又有些不安：八十多岁的老人，能禁得起长途旅行的颠簸吗？下午，四面八方的

校友嘉宾陆续到来,然而,吴老先生还没有到。由于手机受国际漫游的限制,接待人员无法与老人联系,只能等着老人的电话。傍晚渐黑,电话来了。老人说乘的是过路车,将于15日凌晨四五点钟到达,在高速路口下。接待人员再次忐忑起来,夜间气温低,再加上异地气候差异,老人能适应吗?接待人员又询问老人下车的准确地点,老人不让接待人员等,说到了以后给打电话。15日凌晨四点多,老先生打来电话,告诉接待人员他已经到了。接待人员连忙驱车前往迎接。渐近高速路口,看到了两个身影。“是新海高中×××吧?”一下车,老人家就上来握住了接待人员的手。还没容多说话,老人家就指着旁边的一位小伙子说:“这位先生和我是同乘一辆车来的,上下铺,又一起下车,他一直在路边陪着我,把他顺便带到市内吧。”那位小伙说车三点钟就到了,老人家不想半夜打扰我们,等了一个多小时才打电话。看到接待人员有些不安,老人说:“没事,我身体好,穿得多。你们最近忙喜事,肯定是缺觉少眠的。”

安排老人住下,接待人员告诉他不用早起,好好休息,八点来接他。为了让老人多睡一会,接待人员决定晚一点再喊他起床。早上八点零一分,还没等接待人员去,老人的电话就打来了。等我们来到他的房间,一下子愣住了。老先生正坐在桌边写东西,床上的被褥根本没打开。老人一夜没睡!但他已经换好了出席典礼的西装。

因行程紧密，在校庆典礼之后，老先生就在对母校和故乡无比的留恋之中踏上了下一个里程。自两岸通航以来，老先生上百次赴大陆，为两岸和平统一奔走。自老先生1948年去台后，这是他唯一一次回母校、回故乡，他却没能在家乡的床榻上休息双脚，没有参加母校的答谢宴。可他没忘在母校的校史馆题词："朝辞台北彩云间，千里连云一日还。两岸亲情关不住，血浓于水庆团圆——庆祝母校八十大庆。"他把母校普爱之火传播得深广久远。我在无比感动的同时，特别安排一位老师在紧随其后的升旗仪式上向全校师生讲述了老校友的感人故事，目的就是将普爱的薪火永远地传递下去。

第三节　普爱是一种温暖的人文情怀

在教育教学管理中，我们往往总是想到如何要求教师提高素质，如何树立高尚的师德，对教师要求得多、关爱得少。我们在强调学生主体、学生中心的同时，时常忽视了教师的客观存在，忽视了对教师的人文关怀。其实，教师与学生是教育活动中两个互为依存又各自独立的矛盾统一体，他们要想获得各自生命的全面而和谐、自由而充分、独特而创新的发展，必须依赖教育活动中两个主体间的交往和互动、理解和支持，依赖对教育活动中两个主体关爱的对等。学生中心、学生主体地位是要通过教师去实现的。没有教师的健康发展，就不会有学生的茁壮成长；没有学校对教师的人文关怀，就不会有教师对学生的关爱。所以我认为，"普爱"的概念中自然应该涵盖对教师的爱，"普爱"是一种温暖的人文情怀。

一、爱教师体现在对教师生命的尊重

随着社会经济的不断发展和人类文明程度的提高，教师的经济地位和生活状况也得到了不断的改善；但这些对于教师来说远远不够，教师更

需要得到生命的尊重。曾经在《中国教育报》上看到过这样一个实例:一位教师几经周折来到一座美丽的海滨城市,与当地一所著名的学校签下了工作合同。一天夜里,他班上的一名学生(一位很富有的外企老板的公子)睡觉掉到床下摔折了胳膊,校长惊惶之中竟当着学生的面冲那位教师喝道:“你知道吗?你的命都抵不上他的这条胳膊!”正是这句话,促使那位教师重又踏上了寻找理想学校的道路。

我可以想象当时的场景,也可以理解这位校长当时的心情,但我无法想象这位校长为何会这样丧失最起码的理智与最基本的人文情怀。这样简单粗暴的处理方式不只是对教师的无礼与侮辱,更是对生命的无视与践踏。当教师的生命都得不到尊重的时候,何谈教育?何谈教师对教育的尊重与付出、对孩子的爱?

学校应该是教师生存和发展的重要场所,是教师赖以滋养的精神家园。学校管理者不仅要关注教师的基本生存需要,更要关注教师的高层次成长需要以及自我满足的精神需求,给教师创造良好的生活环境、工作环境,营造适合教师发展的良性生态环境。现在,无论是教师的社会压力、生活压力还是教师的工作压力,都处在一个很高的位置。超强的工作压力和超负荷的工作状态,致使很多教师长期处于一种亚健康的状态之中。不是在讲台上站着,就是在办公室里坐着,身患颈椎病、视力下降、静脉曲张等职业病的教师有不少。看到这些我也一直在思考:如何保护教师的身体健康,尊重教师的个体生命,让教师健康地生活、快乐地成长?每年我都让图书馆为教师买一本有关保健的书,及时发放到教师手中。为了让教师强健体魄,我们在每个年级专门开设乒乓球室,让教师锻炼更方便。学校工会还定期组织教师开展篮球、乒乓球、羽毛球比赛。每年的体育运动会上,还专门设置教师比赛项目,学校还投资购买了健身器材,并采取措施鼓励教师利用大课间与学生一起跑操。学校还定期安排老师体检,通过体检了解老师的身体状况,督促大家锻炼身体、关注健康。

二、爱教师体现在对教师心理健康的关注

2013 年 1 月 23 日,教育部公布了“2013 年工作要点”,其中明确指出要采取措施坚决防止个别教师体罚、变相体罚学生的行为。然而,就在“工作要点”公布的当天,19 时左右,于都县“于都论坛”上名为“yige0”的网友发帖称,其朋友当日下午在汾坑初中操场上拍摄到一张照片,照片上,一位老师模样的男子背着手面对几十名学生,学生分三排跪在地上。该照片随即被网友转载到微博,引发了网友的热议。据初步调查,23 日上午课间操时,学校组织全校师生开展期末考试动员会,会后,该教师将全班学生留下来交代事情,期间因为学生精神比较涣散,部分学生态度不够端正,该教师便让全体学生跪在操场上。1 月 24 日,于都教育局召开局长办公会,决定撤销该教师的汾坑初中团支部书记职务,并按程序撤销其教师资格;停止钟南海的汾坑初中校长职务;立即在全县学校开展师德师风专项整治,切实规范教师从教行为,维护学生身心健康。24 日上午,该老师在网络上公开发出《致汾坑初中初三(5)班全体学生及广大网民的道歉书》。

应该说,这样的处理力度是很大的。但是,其中暴露的问题却值得我们进一步深思。如何避免我们的教育再出现类似令人痛惜和叹惋的事件,确实是摆在教育工作者面前的课题。对此,赣南师范学院社会学专家指出,当前教师承受着不小的压力,所以探索开展教师心理辅导,加强教师心理素质,对于预防此类事件的发生也很有必要。

的确,随着社会的发展,社会对教育越来越重视,关注度不断升温;同时,“独二代”的学生已经成为高中学生的主体,处于溺爱中的学生,其思

想问题越来越突出,教育的难度越来越大;又加上近年来量化评比制、教育中实行的教师聘任制、工资级别制以及按级取酬等竞争性的评价制度给教师带来持续不断的紧张感,使教师感到了前所未有的压力,因此,目前教师的心理问题越来越突出。我一直在思考这个问题,要想改变这种状况,需要管理者提升自身的人文素质和生命意识,摒弃狭隘的功利主义管理观,要以实现教师和学生生命价值的良性发展和终极意义为管理的最高目的。当然这是带着镣铐跳舞的事,我们无法突破高考升学的圈子,只能尽可能地做能做的事。我希望通过多种途径实现教师参与管理,大力促进自我管理,力争做到管理的民主化、平等化、自觉化,最终使学校成为教师的温馨家园。我校青年女教师小刘个子娇小,安排她当班主任,她有畏难情绪,尤其是直接让她升高三,还要带两个高三班的数学,她感到压力很大。她找到我说,这是第一年上高三的课,又当班主任,又带两个班的数学,怕给学校丢脸。我告诉她,谁都有第一次,不要担心,班级管理多学习,课堂教学多听课,不会有问题的。偶尔经过她的班级我就会多关注她班的情况,在食堂吃饭,遇到她我会主动跟她打招呼,问问情况,给她些鼓励,舒缓一下她第一年教毕业班的压力,最终,她所带的班级在2012年高考中取得了很好的成绩。

三、爱教师体现在对教师生活的关怀

我总是觉得,从管理的角度要求教师要全身心地投入教育教学工作之中,出发点是好的,但这又往往会是一厢情愿的事。设想一下,如果一个教师的家庭生活缺少保障、子女问题得不到解决、满身病痛得不到缓解、后顾之忧得不到解除,教师又怎么能够全身心地投入?于是我自然有了这样一种想法:校长只有把教师的私事当公事来办,教师才能把学校的公事当私事来办。为此,在实际工作中,我会更多地关注教职员工的生活

状态，及时了解他们的生活诉求，以便及时主动地解除他们的后顾之忧。遇有教师的子女上学或是工作，我会尽我所能，动用所有的社会资源帮助解决；遇有教师生病住院，我会主动与医院联系，为其提供最好的医疗条件；遇有教师突发事件，我会想方设法帮助其解除燃眉之急。

2008 年，我校张老师刚大学毕业的女儿突然被查出患有骨癌。高昂的手术费、医药费让张老师全家一筹莫展，陷入困境。闻知此讯，全校师生纷纷解囊相助，只一天时间就捐款 15 万元，解了张老师家的燃眉之急，使手术得以顺利进行，及时稳定了孩子的病情。2009 年，我校电工尹师傅就读于实验中学的儿子被查出脑瘤。家境本就不富裕的尹师傅根本无法应对这一突如其来的灾难。我知道这一消息后，向全校师生发出了爱心倡议，希望大家用一颗普爱之心来关注这个急需帮助的生命。爱心迅速传递，大家捐助的 8 万元很快送到了尹师傅的手中。接过我手中的捐款，一直都很坚强的尹师傅泪水纵横，连声感谢。他说，从没有奢想过自己这样一个卑微的后勤工人竟会受到全校师生的如此关注和帮助。我告诉他，生命没有卑微、高贵之分，我们无法漠视一个生命的需要。现如今，这两个孩子一个成为本市另一所中学的老师，另一个则早已回到学校正常学习了。大爱无声，我们全校师生用真诚的普爱之心托起了两个年轻的生命。在活动中，我们也体会到了关爱他人的幸福，领悟到了爱的真谛。

“感动新中人物(团队)”评选是我校的经典活动之一。每年，我们都会成立专门的评委会，从 12 月中旬开始，经过首轮宣传申报、初选产生候选人、复选评审三个阶段，动员全校师生、广大校友及学生家长进行网上投票，最终根据票数多少，由评委会评出十位“感动新中人物(团队)”。2012 年度的感动新中人物中，有两位老师特别引人注目，他们就是“伉俪

班主任”王根穆、仲伟玲老师。评委会为他们拟写了这样的颁奖词:

有一种伟大来自平凡,有一种崇敬来自始终如一。三尺讲台,竖起了他们高大的形象;两尺教鞭,挥洒着他们无悔的人生。一边是班级的学生,一边是家中的孩子、老病的父母,这对夫妻面临的是不能割舍的艰难。他们坚守讲台二十年,给了学生两样东西:一是根,二是翼。树无根不立,鸟无翼不飞。英语教学是他们相互沟通的语言,班级管理是他们彼此慰藉的情话。日日携手与共,终成花果满园。桃李无言,红霞满天。

应该说,两位老师在新海高中一直做班主任,工作兢兢业业,任劳任怨,成绩斐然,深受学生的爱戴与家长的欢迎。此次评选中以高票入选,实属众望所归。在简朴而庄重的颁奖典礼上,当主持人宣布名单并读颁奖词的时候,仲老师流下了感动的泪水。在获奖感言中,仲老师动情地说:“我们夫妻俩2001年调入新海高中,刚来时人生地不熟,尤其是孩子入学等问题不知如何解决。校领导了解了这一情况后,想方设法帮助我们解决问题,解除了我们的后顾之忧。从那以后,我们夫妻俩就心甘情愿地在新海高中扎下根来,尽自己所能做好工作。”听着他们的肺腑之言,我内心十分感动,也颇感欣慰:校长为教师解决一点困难,教师竟然铭记在心,并化作投身杏坛的动力,而且一坚持就是十几年。

四、爱教师体现在对教师成长的助推

教师是一个职业,但更应把它当作一项事业去做。爱教师就应让教师们快速适应,站稳脚根,尽快地成长起来。客观地说,当下新教师的成长环境还不够理想,一些学校虽然也有“青蓝工程”,但或流于形式,或浮光掠影,真正对新教师有帮助的东西很少,新教师大多处于一种自然成长的状态。我觉得助推教师的成长应该包含两个层面,一是专业成长,二是精神成长,二者缺一不可。

我觉得爱教师首要的是关注教师的专业成长。我校有一位政治教师王永泳。几年前,王老师在我校开设了“《弟子规》解读”校本课程。几轮校本课程开设之后,颇受好评。对此,我想:王老师在《弟子规》经典阅读上花费了不少的心血,形成了自己的独到见解,何不趁热打铁,追求完善,出一本专著呢?当我向王老师谈及这一想法时,王老师感觉信心不足。对此,我鼓励他大胆去尝试。两年后,王老师拿出了30余万字的书稿。2012年,王老师的专著《中学生〈弟子规〉导读》成功付梓。新书一出,王老师便拿出一本,签上名,送到我的办公室,感谢我的关心与支持。看着他满脸的笑意,我的心里也真诚地为他感到高兴。

为了帮助青年教师在专业方面更好更快地成长,2005年,经过积极努力,我校与苏州大学联合举办教育硕士班。在我的倡导下,数十位教师成功考取了苏州大学教育硕士。经过三年的努力学习,这些教师们都顺利通过了硕士论文答辩。2009年3月14日,苏州大学教育硕士(新海班)学位授予仪式在苏州大学红楼举行,新海高级中学36位教师同获教育硕士学位。为一所中学举办专场毕业典礼,在苏州大学还是首次。

在我校,教研组已经成为青年教师成长的平台。在各项重大赛事中,

各教研组的老师们都积极帮助参赛教师精心打磨。我校青年教师吴晓燕在政治教研组全组老师的共同帮助之下，在刚毕业工作的第三年就获得了全国政治优质课大赛一等奖。地理教研组学风浓厚，积极向上，在你追我赶、力争上游的氛围中，该组教师人人均获得市教师基本功大赛一等奖，成了名副其实的优秀教研组。

当然，对于教师来说，更重要的还是精神上的成长。诚如华东师范大学终身教授、博士生导师陈玉琨先生所言，“提升教师的幸福感不仅仅只有满足教师需要这一条路，在我看来更为重要的是改变教师的期望，改变教师的需求，所以我特别强调价值引领，特别强调教师精神的提升”①。对此，我曾经在一篇关于教师职业幸福感的文章中谈到，“有了一定教龄

① 陈玉琨. 卓越校长的追求[M]. 上海：华东师范大学出版社，2012：181.

的教师,往往对工作的满意度会降低,而这主要反映在压力上,精神压力、职称压力、家庭压力和教学压力压得他们喘不过气来。这就要求校长们在关心教师职业行为的同时,更要关心他们的精神世界。校长要引领教师憧憬未来,要营造高品位的校园文化来感染教师,让他们真正感受到自我的幸福感,增加对现实生活的满意度。校长要关注教师的生活,幸福来自生活而不是工作,要培养和引导那些缺乏生活信念的老师形成开朗、豁达的生活态度,培养教师高雅的生活情趣。现代社会对老师的要求越来越高,只有树立科学健康的生活态度才能顶住压力"。基于这样的想法,我在学校大力倡导教师的精神成长,关注教师的职业幸福感,并希望通过教师的精神成长,消除职业倦怠感,获得职业幸福感。为此,我们整体规划校园文化建设,营造高品位的校园文化,提升师生的人文素养和精神境界。例如,我们以学校八十余载办学过程中所有的校门为主体,通过校门的变迁来呈现普爱历史,打造了校史文化墙。

在我校 2001 年异地新建之前,一条主干道将学校划分成了两个校区——教学区和运动区。学生上体育课必须穿过马路,带来很多安全隐患。许多校友纷纷捐资建了一座"校友桥",保障了学生安全。迁入新校址之后,许多校友、教师依然深深怀念"校友桥"。为此,我们聘请专业设计师,按照"校友桥"原型,建设了"校友桥"纪念墙,并注文如下:

> 公元一九九三年九月,蒙校友襄助,"新海中学校友桥"飞架南北校区,惠及万千学子。二零零一年九月,市委、市政府实施"八校联动",异地建成江苏省新海高级中学。二零一二年八月,为实现广大校友之心愿,传承新海普爱之文化,学校迁"校友桥"碑文于此,建文化墙,以志前贤,砥砺后昆。

而今,"校友桥"纪念墙和校史文化墙已经成为我校文化广场上两道亮丽的风景线,潜移默化地影响着所有的新中人。

教师精神成长的重要途径之一是阅读。通过阅读,不仅可以拓宽教师的视野,丰富教师的学识,更重要的是可以不断启迪教师的智慧,提升教师的精神境界。在我们学校,“读书节”是深受师生欢迎的学校传统四大节(另外三节分别为艺术节、体育节、科技节)之一。每年我们都会围绕读书节开展主题征文、教育故事、经典诵读等形式多样的活动,倡导教师多读书、读好书。每年我都会向教师推荐至少一本书。2012 年,我向老师们推荐的书是著名人文学者、北大教授钱理群先生的《中国教育的血肉人生》。

不过,我们也看到一些学校对新教师的使用有急功近利的思想,要求“来之能战,战则能胜”,稍觉不满意,就来个待岗了之,或转到教辅岗位。其弊端是只重视技术成长,追求“一年过关、三年把关、五年骨干”,忽视精神成长,漠视新教师对教育的态度和情感。其实,新教师的责任感、自豪感,他的爱和理想,对教育的美好体认和幸福感受,对他成长为一名优秀教师,把教育当作事业更为关键,也尤为重要。我们爱教师就要从教师成长的角度进行助推,这是对教师的负责,是对他们人生的负责,也是最为重要的人文关爱。

校长为教师着想,教师自然会把学校当作自己的家,也会以高度的主人翁意识,把学校的事情当作自己的事情尽心去做。我的校长邮箱里经常会收到师生们的信件,其中绝大多数的信件都是关于学校发展与建设的意见或建议。2012 年 10 月份的一天，我在校长信箱收到我校年轻的宦老师发来的邮件，宦老师在信中表示，“对校园文化建设有一点想法，虽然不成熟，但作为新中的一员有义务和责任向校长汇报自己的想法”。宦老师在信中还为学校的校园文化建设提出了非常中肯的具体建议。例如，“在校园的主体建筑中，除了综合楼，其他楼都有名字了，但唯独综合楼没有。细细想来其实综合楼算是校园中比较重要的建筑，它是学校的标志性建筑，也是学校的门面。学校校徽上也用了这幢楼的图案，图案很有气势。如果综合楼有一个有意味的名字，效果肯定会不一样”；“在校园文化中提高学生的审美能力很有必要，而我们学校的校园建筑就是很好的教材，如果有一些文字专门介绍校园的主体建筑，让学生了解身处环境的建筑美及其精神意蕴，对学生来说也是一种很好的教育方式，因为环境即教育”；等等。读罢宦老师的这封长信，我既感欣慰又感自豪——“以校为家”在我们学校不是一句空洞的口号，我们的教师在内心里把做好学校的事情当作自己的责任，自觉地以主人翁的精神投入学校的事业中。同时我想，也正是因为一代代这样的教师的努力，我们的学校才能够不断发展，不断超越，普爱之光才能够不断地照耀在新海的校园。

第三章

教育追求:让学生传递爱的火炬

我所提倡的"普爱教育"最终的指向是学生的幸福成长。普爱教育最终要培养的学生应该具有"普爱"型人格,只有内化为人格,普爱精神才能真正转化为一种自然的生活态度、行为方式,促成人的幸福生活。普爱教育所培养的学生要学会普爱生命,爱人惜物,要用真爱普洒人文的光辉;它意味着学生要在生命历程中将仁爱传播到普天之下,以实现人与自己、人与自然、人与社会的和谐发展。

第一节　唤醒学生爱的意识

教育的终极目标是学生的健康成长、人格完善,使其成为合格乃至优秀的世界公民。纵观中外普通高中的人才培养目标,我们不难发现几乎人类所有的美德、各种能力素养在这些培养目标的表述中都有所体现。这反映了作为教育者,我们都有着共同的追求,希望将所有真、善、美的东西赋予学生。而对于一所具体的普通高中而言,我们不得不清醒地意识到我们在有限的时间里只能实现有限的目标。作为校长,我有责任带领师生们在诸多能力素养中挑选出高中学生必须具备的、最符合我们学校学生发展需要的、能够帮助实现普爱教育追求的那些能力素养。

在这一思想的指导下,我校在确定培养目标时,首先以国家教育部制定的《普通高中课程方案(实验)》中的规定为依据,全面落实《国务院关于基础教育改革与发展的决定》和《基础教育课程改革纲要(试行)》所确定的基础教育培养目标。在此基础上，我认为要培养学生的普爱人格，首先要唤醒学生爱的意识，教育出心中有爱的学生，让学生认识爱。

一、爱自己，善待自己，悦纳自己

2007 级高二（11）班有一个女生学习刻苦，学习成绩一直处于班级前列，同时她又是一名极度自卑的学生，小时候因为先天性裂唇，缝补后疤痕明显，且说话吐字不清，为此时常虐待自己，还曾两度辍学。这件事促使我反思，“爱”首先应该爱自己！连自己都不爱的人，如何会去爱别人？心中有爱的学生必定是爱自己的，他能悦纳自我，接纳自己的优点与缺点，肯定自我的价值，客观地评价自己，自我控制，自我调整。这种爱富有智慧，需要理智地思考，冷静地分析，不断地反省，从而明察真实的自我。直面自己内在不够好的，甚至是坏的、阴暗的一面，需要很大勇气。因为我们从小就学会了压抑和漠视它，使其尽可能地处于隐性状态，让显性的优点张扬，去赢得世人的尊敬与关爱，换来内心的快乐和满足。但只有鼓起勇气直视我们的缺憾和不足时，我们才能开始接受和拥抱自己，才能找到内心真正的幸福感。因此，我们教育学生，爱自己必须要了解自己，接受自己。当我们看清自己，接受自己内在的真实，包容自己的好和不好时，我们会发现，学会爱自己和接受自己，我们就更容易爱别人和接受别人了。我校针对现实生活中多数学生成长于独生子女家庭以及生活阅历不足所造成的自我认知缺陷，积极引导学生强化自我认知，提高学生的自我觉醒意识，让学生真正明白怎样做才是真正地善待自己，帮助学生正确面对并不断克服成长过程中出现的种种问题，促进学生辩证地分析自我、解剖自我、完善自我。通过多年扎实工作，新中学生自我觉醒意识普遍增强，有悖于自身健康成长的行为不断减少，对于教育的可接受度不断提升。

2012 级高一(12)班的周同学引起了班主任袁堂波老师的注意,他发型怪异,服装另类,还经常会迟到,而且平时不爱说话,情绪很低沉,与其他同学的相处也不甚融洽,经过细心的观察发现该生有一定的自闭心理,学习上主动性很差,仅满足于完成教师的作业,有时甚至连教师布置的作业也不能完成。经进一步的接触发现该生对教师有一定的抵触情绪,好像存在轻微的心理问题。袁老师对该生的问题处理相当慎重,通过与家长的接触了解到:该生与家长的关系非常紧张,与家长很难进行沟通和交流,对家长的任何劝告都听不进去,对家长的所作所为也不能从正面去认识。

在了解到该生的以上情况后,袁老师趁没有其他人的时候将其叫到办公室,拉过一张椅子让其坐下,以缓解紧张的气氛,但该生似乎并不领情,开口就说:老师你不用说了,我知道我妈来找你了,你什么也不用跟我说了,整整一个假期,我爸爸、妈妈,爷爷、奶奶,外公、外婆等已经教育了我一个假期,我都听够了,你要说的话我都知道,你要讲的道理我也都懂。谈话一开始就陷入了尴尬的境地。为了使谈话能进行下去,袁老师说,你作为一个高一的学生,无论是大道理还是小道理你肯定都懂,但你妈妈丢下自己的工作不干,到学校附近租房陪你读书,对你的这一片苦心你总该清楚吧! 没想到他说,到这里租房陪我住就是为了管我,除了学习什么都不让我干。

从周同学的讲话中知道,这是处于青春期的学生的一种逆反心理,加上长期学习重压下形成的心理扭曲,在这个时期的孩子既依赖父母又希望脱离父母的管束,希望能够独立,但在实际的行为中,如果没有父母看管,他们又缺乏对行为的自我约束力。这种心理与行为的矛盾,处理不好就会使学生产生心理问题。

针对周同学的这种情况，我让袁老师平时注意多与其接触，关心他的生活与学习，了解他的思想状况，并不断地寻找促进其转变的契机。

在第一学期即将结束的时候，周同学身上生了一个小疮，有痛感，到医院看过，医生建议手术，家长怕耽误孩子学习，想等到寒假再手术，但孩子不能理解父母的用心，认为是父母对自己不关心，只知道逼着让他学习，而且这种想法一直徘徊在他的心中，他因此对父母的成见越来越大。在这种情况下，袁老师就建议其父母及时带孩子去手术，不要等到寒假了，至于孩子的学习学校会想办法解决，能尽快缓解周同学与其父母的紧张关系才是当前最重要的。家长听从了袁老师的劝告，带他去做了手术。袁老师让其父母在周同学住院期间尽可能多陪陪孩子，尝试与孩子交流，因为在住院期间，孩子没有学习压力，更容易交流。果然，父母无微不至的关怀终于缓解了周同学对父母的成见，他开始愿意与父母交谈，也能够对父母说出自己的一些想法，父母也开始了解周同学的一些内心世界。尽管同学们都面临期末考试，学习压力很大，但袁老师仍然组织学生，将班级同学分成几个小组，坚持每天中午和下午有两批同学去看望周同学，让他安心养病，鼓励他早日康复，并带去当天的讲义，指派一到两名成绩好的同学给其补课，将白天老师上课讲的东西再讲给他听，以保证其成绩不掉队，同时让他感受到集体的温暖，使其感觉到自己也是班级中重要的一员。

通过这次住院就医，周同学基本上缓解了与父母的紧张关系，回到学校以后，与班级同学的关系比以前更融洽，学习也更努力了，用他自己的话说就是："大家都这样关心我，我也不能拖班级的后腿。"

爱能拯救一个学生，也能改变一个学生，在对学生的教育过程中，爱的力量是无穷的，它能驱散一个人心中的阴霾，它也能改变一个人的世界观和人生观。

二、爱他人，心存悲悯，普世济民

关爱他人是一种美德，关爱可以使世界变得更美好、更和谐，只有我们主动去关爱他人，他人才会关爱我们。我校共有住校生八百多人，平均每班就有十几个人住校。这些住校生大多来自农村，远离父母，生活不便。为了让走读生与住校生更好地相处，我们每年都会举办一些活动，让他们在相互交往和交流中学会关爱对方。比如高一新生到校不久就遇上传统的中秋佳节，许多住校生父母都在外地打工不能回家，我们就会举行认亲活动，让走读生带住校生回家过中秋，让他们共享节日的快乐。这个活动大大增进了同学们的友谊。住校生生病了，走读生同学从家里带来药品，有的家长甚至主动带他们去看病，住校生更是利用住校的便利，在值日工作方面抢着干，学生之间互助的氛围越来越浓了。通过这样的活

动，学生们感受到放大了的相互友爱的力量。

面对重大灾害，我更是用行动告诉学生，要有悲天悯人的情怀，要有普世济民的胸襟，将爱心、温暖传递。2008 年，四川汶川地震噩耗传来，我第一个捐款，希望用自己的行为感召大家，用一份爱心点燃更多爱心。如我所愿，大家积极自发地向灾区伸出援助之手，为灾区捐款、捐物，支援灾区人民渡过难关。第四届中国中学生正泰品学奖获得者陈曦同学除与班级同学一同捐款外，还把获得的奖学金全部捐给了灾区。随后，学校全体党员以交纳特殊党费的形式，再次为灾区捐款。了解到同为 FEC（中国、新西兰建交以来最大的合作项目——中新友好实验班）项目学校的四川成都石室中学在地震中受到影响，教室损坏较严重，学生暂时停课，我们学校中新班的学生在外教的指导和带领下，纷纷动手制作真情慰问卡片，寄往石室中学，表达对灾区学友的问候、关心与支持。2010 年 4 月 14 日，青海省玉树县发生 7.1 级大地震，灾情牵动着每一位新中人的心。学校党委向全体师生提出倡议，动员大家向灾区人民伸出援助之手，以实际行动帮助灾区人民渡过难关。4 月 19 日早晨升旗仪式之后，我校举行了抗震救灾爱心募捐活动。全校师生纷纷响应学校号召，踊跃捐款，捐款总额达十万多元。哪方有难，我们都尽力而为。我们愿这些点滴的付出凝聚成爱心的彩虹，让暗淡的生命重新焕发出灿烂的生机，让希望的光芒照亮同胞的明天！

三、爱众生，心忧天下，普爱无疆

普者，普遍，普及；爱者，仁爱，博爱。普爱无禁区，普爱无限制，普爱可以在时空间无尽延展。这份爱，不局限于对亲人、朋友的爱，更是对万物众生、社会国家、生存环境博大而永恒的爱，不做作，不矫情。这份爱，无处不在，广博无垠，如阳光普照大地。

我们以普爱之心教育学生秉承普爱精神,普爱生命,爱人惜物。普爱不是居高临下的施舍,是对生命尊严的正视,是对事物存在的认可。北宋理学家张载说过:“民吾同胞;物吾与也。”①这句话的意思很简单,概况起来就两个字:普爱。人类的伟大之处在于被赋予了比其他动物多得多的复杂情感,我们敢爱敢恨,爱家爱国。有一颗普爱之心,这是内在真正纯净的人才会有的高贵。以清淡出尘的姿态,抛弃世俗的私欲杂念,让自己心如瀚海,海纳百川,爱众生,爱自然,爱世界,爱万物。“谁道群生性命微,一般骨肉一般皮。劝君莫打枝头鸟,子在巢中望母归。”②白居易用最直白的语言和情感告诉我们什么叫普爱众生。我们新中的老师们在教育教学过程中,用自身的言行告诉学生们,尊重一个生命,是目光上的平视,更是人格上的平等。新海高中异地重建处,原是一片芦苇丛生的老盐碱地,绿化工作进展艰难。我来新海高中以后加强了校园的绿化建设,形成了校园爱绿护绿的氛围,每届学生认领绿地后都精心呵护,既护地面的植被,也护枝头的硕果,更护叶中的禽鸟。每年春末夏初,鲜花满园,枇杷满枝;深秋,银杏丰实,柿子飘香。师生用自己的实际行动丰富了普爱的内涵。

---

① 张载.张载集[M].北京:中华书局,1978:62.
② 丰子恺.护生画集[M].北京:中国友谊出版公司,1999:24.

芸芸众生共同生活在同一个地球上，同一片蓝天下，共享阳光雨露，但是，环境被加剧污染破坏的现状正深深影响着人们生存的空间和生活的质量。因此，我校还会经常组织学生社团到苍梧绿园开展“你扔我捡”活动，到海边参加“清洁海岸”活动，并组织研究性学习兴趣小组定期为学校边上的龙尾河水取样化验，监控龙尾河的水质。学生们通过参加这些活动深深感受到，为环保事业尽微薄之力，不仅仅是形式，不仅仅是普爱的表现，也是深层的自爱。正是基于这些实际的行动与感悟，我校每年都有大批学生在市组织的环保征文活动中获奖。

新中的老师们通过言传身教，将一腔普爱之心深深熔铸进学生们的心田，使他们受用终身。校园里，老师对每一位迎面而来的学生都给以和煦的微笑——不论他是调皮还是乖巧，不论她是高官千金还是农民工子女；教室里，时而激烈地争辩，时而兴奋地谈论，没有落单在角落的同学，彼此之间不计成绩好坏，不想昨日的半句龃龉，毫无城府地分享快乐，关怀对方。普爱之光遍洒校园，纯洁的安琪儿传播着普爱的光芒。每位学生心中有普爱，我们的国家，我们的地球必将永远和谐美好！

第二节　提高学生爱的能力

爱，不应该只是一种情感，还应该是一种能力，是一种改变自然规则的能力，是一种懂得给予的能力，是一种无私奉献的能力，是一种化干戈为玉帛的能力，是一种化腐朽为神奇的能力。爱，说起来容易，做起来难，但一旦做到了，便会幸福。我们精心培育学生爱的能力，努力教育出会爱的学生，让学生学会感受爱，接受爱，奉献爱。今天，我们唤醒学生一份爱，明天，他们将回报社会十份情。

一、学以增智，构建爱的根基

要提高学生爱的能力，必须得让学生具备爱的资本。作为中学生，要想以后能更好地服务他人，贡献社会，报效祖国，就要有渊博的知识，要有睿智的头脑，要满腹经纶，学富五车，要不断学习，完善自我，不断"修炼"，提高自身文化素养。唯有不断地学习，不断地创新，敢于超越自我，才能在迅变的时代中生存、进步、发展并获得成功，最终走向爱的更高境界！

一位哲人曾说：人类最大的乐趣莫过于学习。学习的意义在于能够获取更多的知识，懂得道理，可以塑造自己的气质，提高自己的境界，增强服务社会的本领。学习可以让我们明智，让我们开阔眼界，让我们成为一个有积淀有智慧的人。有知识的人，尊重自己并且能够受到他人的尊重。真正的学习是人深层的精神需要，它可以让我们的思想更深刻，精神更充实，灵魂更高洁，心灵更美好，心胸更宽广，识事更通透，内心更淡定，行事更从容。为了让学生今后有更强大的生存能力和爱的资本，我带领全校师生一直致力于课堂教学的改革，不断探索践行新课程理念，坚守以各类主题特色活动为载体的育人方式，推陈出新，多元发展，不断充实学生的内心，为学生搭建爱的平台。

二、立德修身，掌握爱的艺术

我们培育出的富有爱心的学生，应该是懂得尊重、理解、宽容和感恩的学生，是具有是非观、正义感、责任感的学生，是立德修身、掌握爱的艺术的学生。对一个人来说，在他的成长过程中怎样恰当地接受爱，怎样恰如其分地表达爱，这既是一种生存能力的表现，更是一种爱的能力的体现。爱的能力不仅表现在物质财富范围内，也存在于人性特有的领域。具有爱的能力的学生知道，爱是接纳和信任，是对他人最深刻的理解和包容,是能够艺术地接受爱,表达爱,付出爱,能够准确地了解、感悟、体会对方对自己爱的表达,并且能够很好地回应对方爱的表达。

2011 年 10 月 9 日,我校心理健康咨询室的老师接待了高二的一位男生小王。小王长得高大帅气,言谈之中可以感受到他身上的一股正气,但他诉说的苦恼是,他真心地帮助别人,却很少有人理解他,甚至就是国庆长假过后开学的第一天,他因为一句话差点又跟同学打起来。那天下午小王一进校门,就看到来自赣榆农村的学生小张背着两个沉重的蛇皮袋向前走,他赶忙过去用自行车帮着驮带,边走边对小张说:“你能不能不要这么酷,你看你弄得跟丐帮帮主似的,要不我们全班捐款给你买个箱子?”小张的父亲已病逝,小张只靠母亲务农过活,平时就很自卑,听了这话,当场翻脸。

这件事,让我深深感到,让学生有一颗爱心还是远远不够,要让他们掌握爱的艺术,注意面对不同的对象,选择不同的表达爱的方式。在学习生活中,我们教育学生要理解他人,在交往中用爱心交换爱心,用信任交换信任。在同学遇到挫折、情绪低落时,会有人去开导他、亲近他;当同学遇到困难时,会有人伸出援助之手;当有人犯了错误时,大家会拉他一把。而老师的一个微笑、一次鼓掌,同学的一张贺卡、一句祝福,平平淡淡,传递的都是爱,这是理解和信任的升华。具有爱的能力的学生还知道,爱是一种责任。这份责任要求我们富有正义,明辨是非,时刻牢记自己应担当的义务。作为生活在集体中的每一名学生,在享受各种权利的同时,也应承担相应的责任。通过各类活动,培养学生爱集体、爱他人的责任感,培育健康成长、内心高尚的新中人,使他们在无私给予的同时,不断地强化自己的生命活力,不断地激活自己的生命潜能,不断地把生命的终级意义推向更高。

三、笃行明志，创新爱的内涵

普爱并不意味着无原则、无道理、无边际的爱。我们以普爱思想教育出来的学生有原则性，有批判性，有创造性，用自己的言行践行着爱的真正内涵。面对危难困苦，我教育学生要义不容辞。因为爱是高尚的行动，是无私的、无条件的、不求回报的奉献，它教会学生去关心、帮助他人。每年，新中的学生们都会在支援灾区、资助贫困学生、捐书义卖等活动中，奉献自己的爱心。

在 2013 年 3 月学雷锋活动中，为大力弘扬雷锋精神，传承普爱文化，我倡导全校师生深入开展好四项主题活动：一是关爱困难家庭帮扶活动，以“爱心小组”“爱心学生社团”等形式，通过“爱心接力”“传帮带”等措施，为困难家庭学生和留守儿童以及残疾人等困难群体提供生活帮助、学习辅导、心理疏导等服务，努力打造特色鲜明、对学生健康成

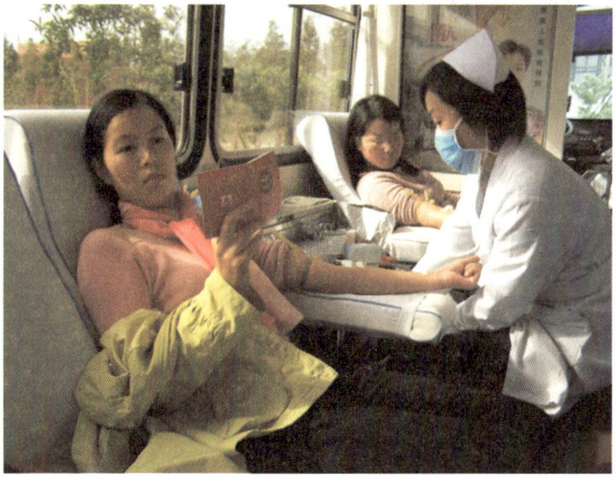

长产生积极影响的学雷锋传统品牌项目；二是开展关爱社会志愿服务实践活动，组织各类志愿者，走进社区，走进公共场所，走进敬老院、福利院，开展服务社区、美化环境、文明宣传等志愿体验活动，挖掘和建设富有中华传统美德与文明礼仪的实践项目，不断完善志愿服务体系；三是大力开展关爱自然的社会实践活动，开展“争当环保卫士”“环境与我”以及“我爱地球村”等关爱自然的低碳环保主题活动；四是开展学雷锋主题班会。

从这些活动中，学生体会到只有将爱付诸行动时，才能体会到爱的快乐和幸福。面对丑陋邪恶的现象，我教育学生要坚决抵制。我定期邀请学校的法制副校长以国旗下讲话、讲座、沙龙等各种形式为全校师生开展专题法制教育活动，加强法制观念，对待不良行为不能一味宽容，加大对违规违纪现象的惩处力度，这些举措进一步增强了学生的法律意识，提升了学生对是非的辨别能力。

第三节　提升学生爱的境界

我总认为，我们所倡导的“普爱教育”绝不能仅仅局限于一人一事，还要有阔大的胸襟、高远的视野和普世的情怀。随着改革开放和经济全球化的不断深入，国与国之间的交流与沟通也变得越来越快速便捷，人与人之间的时空距离骤然缩短，“地球村”已然成为现实。这就为不同文化之间的交流和交融提供了新的历史机遇,并成为加快文化交融的强大动力。让我们的教育者和受教育者站在更高的高度,培养既具民族精神又有国际视野的世界公民,也就理所当然地成为了普爱教育的重要目标和最高境界。

在这一教育进程中,我进一步强化了学生的公民意识,不断提升他们的公民素养。我认为,只有当学生公民意识增强的时候,他们才会切实树立起对他人、对社会、对民族的责任感,学会维护权利,践行义务,积极参与公共生活,学会负责任地生活。只有当学生立足于民族高度的时候,才能更好地放眼世界,挖掘生命的价值,实现个体生命境界的提升。作为一名世界公民还应具有世界意识、创新精神和世界一体的观念,能用自我的竞争精神去谋求世界的发展。从这个意义上说,我认为应该把培养学生的开放意识、国际参与精神和国际竞争能力放在更加突出的位置。为了做好这方面的工作,我们主要通过社团活动、校本选修、普爱讲坛、社区调查、社会实践等多种形式的活动培养学生的公民素养,使校园里不仅要有“风声、雨声、读书声”,更要让学生关心“家事、国事、天下事”。

2008 年 9 月,我校成立了“青年领袖训练营”。“青年领袖训练营”以模拟联合国大会为常态活动方式,着重加强社团的内涵建设,着力于学生的领导力训练和国际视野的开拓,从而促进一部分精英学子的个性发展。这是我校实施素质教育,落实“普爱教育思想”的又一重要体现。2008 年 12 月 14 日,“青年领袖训练营”举行第一届模拟联合国大会。高欢、黄婷和孔豆豆、陈思寓等四十多名代表参加了此次盛会。本次大会主题为 Between Past and Future(过去和未来之间),经过两天紧张激烈的交锋,来自高三(1)班的四位代表以出色的表现被评为最佳代表团和最佳代表。此后,每个学期分别以不同的主题举行一次模拟联合国大会,如“如何确保70亿人口的粮食问题”“后经济危机时代的世界就业问题”“人权保护与索马里海盗问题”等都成为了模拟联合国辩论的主题。

我们常说，师生的视野决定了学校办学的视野。只有把世界引进学校，才能用广阔的视野来经营我们的教育；只有让我们学校走向世界，学校才能真正连通世界，才能培养出具有长远眼光、世界视野的世界公民。要让学生走向世界，成为世界公民，这就要求我们的教育要是世界性的，要有世界性内涵和视野。在现今多元文化共存的格局中，我们要教会学生彼此相互学习对方的优点，了解和尊重事物的本然，顺应事物的本性去发展，在自己达到最好状态的同时，也帮助别人达到最好的状态，以普爱文化的博大胸襟与睿智眼光看待包括中国文化传统在内的全球多元文化的一切资源，以普爱情怀、中国胸襟、世界眼光，融合世界文化。为此，我特别把教育合作交流作为学校的重要工作之一，学习借鉴国外一些较好的做法，推进教育国际交流与合作。

2003年，我校便承办了国家教育部和新西兰教育部自中新建交以来最大的教育合作项目——中新友好实验班。在此基础上，从2009年开始又与省教育厅联合开办了省内首家“苏教国际班”，开设IUP课程。“中新友好实验班”和“苏教国际班”的成功开办，既为学生出国留学架设了一道坚实便通的桥梁，又为学校打开了一扇连通世界的窗户。与此同时，学校相继与国外多所学校共建友好合作关系，实现国际交流常态化。新西兰陶朗阿女子学校（Tauranga Girl's College）国际学生部Julie Sommerville校长，美国北卡罗来纳州福瑞斯特高中Audrey A Devine校长、Tara Butch校长助理，美国大学理事会Lisa Healy女士，澳大利亚教育联盟会长Robert Ollis，悉尼欧宪斯学院校长Peter Miller，我校85届校友、澳大利亚教育联盟执行董事、中国首席代表祁德梅女士先后来校访问交流，为我校与国际兄弟学校的友好交流搭建起桥梁，大大拓宽了我校师生的国际视野。

在坚持“请进来”的国际交流策略的同时，为了让师生获得多元文化教育，使之具有对世界多元文化的包容和对中华民族传统文化的自信，我还大力促成师生“走出去”，去亲身感受异域文化的精彩，不断拓宽国际视野。每一年我校都要派出大批师生到海外参加各种培训或游学，并通过他们来向更多的学生介绍外邦的文

化特色。学校与美国、英国、加拿大、澳大利亚、新西兰、日本、韩国等多个国家的学校保持友好往来，先后派出两百余名师生外出培训学习。其中2008年，教育部选派我校10名学生作为中国青少年代表赴日本访问交流。新中每年都有三十余位学生进入海外名校深造，尤其是2010年，我校高三(6)班学生武文浩陆续收到了来自加拿大多伦多大学、麦吉尔大学、麦克玛斯特大学等五所大学的录取通知书，《连云港日报》对此进行了专题报道。2011年学校被评为“省国际交流先进集体”，名校的辐射功能不断凸显。2012年，我校首届苏教国际班32名毕业生全部被海外知名大学录取，谱写了

新中校史发展的新篇章。日益紧密的国际交流，不仅大大拓宽了我们的国际视野，更重要的是给我们带来了新的理念和新的思考，为我们的学校发展提供了一个更为阔大的平台。我希望通过各式各样的国际合作，为学生与世界教育交流铺通道路，帮助他们能够顺利在世界各国留学、完成学业，使每一名学生能够实现成功的终身学习并成为一名合格的世界公民，从而进一步提升学生爱的境界。

总的来说，普爱教育就是要培养学生爱的意识与能力，通过帮助学生健全人格，涵养智慧，提升境界，让学生从爱自己开始，学会爱他人，爱环境，爱国家，爱世界，爱人类，不断地去探索如何处理人与自我、人与他人、人与世界之间的关系。

第四章
教育践行:让爱的光芒普照校园

“没有爱就没有教育”,这是众所周知的教育名言。在普爱教育的实践过程中,我深切地感受到:充满爱的教育、满怀爱的教师,对学生健全人格的塑造能产生积极的影响。普爱文化的传承,对学生美好人格的培养有着十分重要的作用,最主要的是可以使学生拥有美好的人生。因此,我在强调教育的作用的同时,更关注学生自我教育,注重教育的自觉。而注重自觉,其实就是注重学生个体的体验感悟,以个体切身的体察,去引领学生践行普爱精神和行健精神,实现学生的自主成长。如何把实际的普爱行动贯彻于教育实践的全过程中,如何让普爱的教育行动成为规范、有序、凸显特色,形成系列的学校教育行为,这是我一直在思考的,也是我一直在努力调动多方资源去实现的。

第一节 在管理制度中体现普爱精神

制度文化是人文关怀的阳光投射。邓小平曾说过:“制度好可以使坏人无法任意横行,制度不好可以使好人无法充分做好事,甚至走向反面。”一个教育管理者若能在制定规章制度时充分考虑具体情况,体察民情,以人为本,不使制度过于教条严苛,同时又能坚定地维护制度的尊严,使师生建立归属感,那教育管理的成功也就理所当然了。因此,在学校管理中,我特别注重建立和完善学校制度,关注学校制度的可行性和合理性;通过活动使师生员工认同学校制度的文化内涵,自觉维护学校的各项规章制度；特别注重建立价值引领和精神追求的学校制度，让制度以无形的力量对学校中的每个成员产生教育作用，以潜在的规则规范师生员工的行为。我始终认为，作为一名教育工作者，只有具有普爱情怀，方能培育出具有健全人格的学生。因此，我在用制度管理的过程中更多的是考虑具体的普爱内涵，民情民声，以人为本，既要坚定地维护制度的尊严，又要制度不能过于教条严苛，使师生建立归属感。

自2004年9月担任新海高级中学校长以来，我确立了“坚持学习、深化改革、科学发展、提高质量”的办学思路。我觉得爱一所学校，就是让她具有可持续的发展力；爱一名教师，就应为他的专业成长铺路；爱一名学生，就应对他所受教育的质量负责。为此，我把学校的制度建设围绕着“规范”“品牌”“发展”六个字形成特色，即规范人的行为，促进品牌形成，求得可持续发展。学校以《江苏省新海高级中学章程》为依据，坚持实行校长负责制，修订补充了学校各项规章制度，确立校务公开的领导体制和工作机制，形成了校党委统一领导，校行政主持，年级管委会、职能部门各司其职，教职工积极参与、贯彻落实的工作格局。在实际工作中，我们坚持校长负责制和教代会民主监督制；完善学校—家庭—社会相结合的德育网络；落实家长委员会的工作制度；建立完备的家长学校制度；聘请了专业的法制副校长。我借助这些管理举措,就是希望能够培养全校师生的集体荣誉感和归属感,让师生以责任和爱心为纽带,紧紧团结在一起,以新海为家,热爱新海,共建新海。

制度的建设完善是一项繁重的任务,但我耐心地期许着,因为法治比之人治更显出教育的进步意义。比如我们逐步建立了各项岗位职责制度、各项工作细则,教职工管理制度、教师全员聘任制度,内部分配制度和教师职称评聘制度,建立起了行政、教辅、后勤人员的量化考评方案,健全了工作评估和考核制度。逐步形成了"干部能上能下,教师能进能出,职务能高能低,报酬能多能少"的竞争激励机制。

一、中层干部竞聘制

为了使中层干部队伍更具活力,更有战斗力,更为群众所接受,我们打破了过去的干部长期不换的局面,建立了中层干部竞聘任制。规定每届任期为三年,三年一换届,三年一轮岗。为了让教职工对干部队伍有更多的发言权,我们允许各位教职工自荐和群众推荐,通过这一环节我们可以看出参与竞聘的教职工的群众基础。

张团思老师,他工作扎实,为人诚恳,教学成绩优秀,正处于年富力强的时候,在同事中有很高的威望,在第一轮中层干部竞聘中,他默默地在群众中投票,三年过后,第二轮中层干部竞聘开始了,他有试一试的想法,但又怕竞聘不上而面子上过不去,打算放弃。到提交推荐表的最后一个上午,眼看着提交申请的截止时间快到了,而他又拿着书本上课去了,办公室的同事们都替他着急,于是推举一名老师给他填写了群众推荐表,其他老师们纷纷主动签名推荐。竞聘演讲那天,在老师们的鼓励下张老师的竞聘演讲激情饱满,最终以高票当选。现在张老师已成为优秀的年级主任。

这件事让我明白了一些道理。无论社会发展到什么样的阶段,都需要引导正能量的释放。过去以教育局直接任命为主的中层干部并不都是称职的,因而也并不都为群众所接受。干部竞聘制度的出台,使普通员工通过努力走向领导岗位成为了可能。虽然我总是说学校的干部不算什么干部,但,这是对他们的认可,也是给他们的一个名分,在竞聘为中层干部后,他们仍然坚守在教学的第一线,起着表率的作用。普通的老师们有着强烈的归属感,热爱着我们学校,渴望我们能树立正气,在正道上越走越远。他们积极参与中层干部的竞聘,充分显示了他们的主人翁意识。这是一个可喜的变化,由自我接受领导,到自我推选领导,这是民意的体现,以这样的方式推选出来的中层干部,必然是深孚众望的,在工作中肯定会不负使命的。这件事也提醒我,如果我们的决策是来自基层,就会倍受群众的拥护,如果我们的制度真正符合群众的利益,群众就会倍加珍惜。由于竞聘制的常态化,干部能上能下已成为现实,由于超龄而走下领导岗位的同志下得坦然,由于成绩不突出而在竞聘中下岗的同志下得服气。为了考察中层干部在工作过程中的履职情况,我坚持每学期中层干部都要向教代会述职,形成了教职工代表评议制,让教职工代表无记名投票,选出业绩突出、态度端正、工作积极的干部予以表彰。

二、教职工代表大会决策制

我回到新海高级中学以后,进一步完善了教职工代表大会的决策制度。以民主推选的方式对教代会的代表进行了增补。改变了过去教代会代表中普通教师比例较少的情况,在代表中增加了普通教师的比例,并且规定其中必须有人大代表、政协委员以及民主党派人士。以2012年召开的第三届教代会为例,这次教代会共产生教职工代表114人,约占全体教职工的1/3,其中普通教职工82人,占总代表数的72%,中共党员占53%,人大代表占6.1%,语数外教师48人占42%,其中30至45岁之间的教职工代表占60.5%。以上几组数据充分说明了我校教代会的合理合法性和高度的代表性。在此其础上,我们形成了学校一切重大部署和重要决策都经过教代会讨论的民主管理模式;并在教代会上开展民主评议干部工作,使教代会真正成为一个决策、监督的权力机关。

在广泛征求教职工意见和建议的基础上,各职能部门根据新课程精神和学校的具体情况,还制定或修订了较为系统、详尽的规章制度,明确了岗位职责,健全了责任制度,增强了岗位意识。经教代会审议通过,新海中学先后制定了《江苏省新海高级中学发展规划》《江苏省新海高级中学关于加强校务公开的若干意见》《江苏省新海高级中学关于校务公开工作实施方案》《关于建立江苏省新海高级中学校务公开监督组的意见》《江苏省新海高级中学校务公开考核评估办法(试行)》《党政联席会议议事规则》《江苏省新海高级中学规范收费行为章

程》《江苏省新海高级中学档案管理制度》《江苏省新海高级中学津贴及奖励条例》等制度,修订了《江苏省新海高级中学内部体制改革方案》《江苏省新海高级中学重大问题议事规则》《物品购置申报与财务审批制度》等方案和措施,不仅从制度上确保我校校务公开工作能够正常开展,同时还使校务公开工作能够不断向公开化、科学化、规范化和制度化的方向发展。这些重大制度均由教代会集体讨论,在形成共识并获得通过后执行,并被结集成《江苏省新海高级中学管理制度汇编》,其内容包括教育教学、教师、学生、财务、后勤、安全等各个方面,使学校各项工作真正做到有法可依、有章可循、依法治校、按章办事。每一项规章制度的制定都紧紧围绕学校的近期和长期发展目标,并充分考虑到了我校的实际和办学特色。

2012 年,连云港市高中进入了绩效工资改革的攻坚阶段。绩效工资改革是一项长期的系统的工程,打破了原有的校内分配方案的秩序,如何有效地推进、顺利地实施绩效工资,这是需要我们深思熟虑的。负责工会的同志们深入群众了解情况,并对财政状况做了详细的摸底,然后制定相关实施方案,并反复征求意见,倾听一线的声音,数易其稿。在这个过程中,新海人的主人翁意识得到了空前的提升,他们见仁见智的观点在碰撞中擦出了智慧的火花,使学校的绩效方案日臻完善,最终,我校制定的绩效分配方案在教代会上顺利通过。我校也成为连云港市高级中学中第一个实施绩效工资改革的学校,引领了全市高中绩效工资改革的方向。

三、学生管理规范制

学校发展的终极是为了学生的发展,我们在强化德育、智育、体育、美育教育,不断促进校园精神文明建设,积极探索读书教育、心理教育和法制教育活动的新途径和新方法的同时,又着力培养学生良好的行为礼仪规范,意在营造良好的教书育人、管理育人、服务育人、环境育人的氛围,为学生提供良好的学习和生活环境,努力构建和谐校园。学校学生管理制度的制定和完善,在宏观上分两个阶段进行。第一阶段,从“学生形象”入手,努力规范学生的日常行为,制定并落实各项常规管理要求。制定了《江苏省新海高级中学十个禁止和十个要》,完善了《江苏省新海高级中学学生违纪处罚条例》《江苏省新海高级中学学生行为规范》等。第二阶段,从“内在气质”入手,努力培养学生良好的行为习惯,提升学生的文明程度。制定了《江苏省新海高级中学班主任工作手册》《江苏省新海高级中学学生手册》《江苏省新海高级中学文明班级评比条例》等,提出了“加强我校学生的道德修养、提升文明程度的要求”“江苏省新海高级中学关于正确佩带校徽的补充规定”等相关要求。此外,完善了《江苏省新海高级中学静校制度》《江苏省新海高级中学学生会选举制度和章程》《江苏省新海高级中学学生会工作制度和要求》《江苏省新海高级中学文明宿舍评比要求》《江苏省新海高级中学阳光体育——跑操制度》《江苏省新海高级中学学生多元化评价标准》《江苏省新海高级中学课外活动管理规定》《江苏省新海高级中学体育艺术课分组教学模式》等。一系列规章制度的建立和健全,为新中学生的行为规范提供了依据,为新中的校园文化建设提供了重要的制度保障。为了使学生管理到位有效,我们又制定和完善了《江苏省新海高级中学班主任工作条例》《江苏省新海高级中学优秀班主任评比要求和奖励原则》,对班主任工作进行量化考核,使班主任工作更加系统化和细节化,切实保障了班主任工作的顺利进行,也从很大程度上激励了班主任的工作热情,特别是制定了年终《班主任考核条例》,极大地激发了班主任的工作热情,为班主任工作的顺利开展提供了有力保证。

四、体艺工作规范制

体育艺术课对学生的发展起到至关重要的作用。然而体育艺术工作缺乏规范，这是通病，对于如何规范课堂、规范专业课学生的训练，我们也思考了很久。

体育工作以《学校体育工作条例》《学校卫生工作条例》为纲领，本着以人为本、育人为本、人才强校的原则，全面推进学校体育创新教育，制定了《新海高级中学多角度学生评价制度》《体育艺术教师奖励方案》《体育艺术教师考核方案》等，全面活跃校园文体生活，增强卫生安全意识，努力实现学校体卫艺工作的不断发展和现代化。一是强化体育课教学管理制度及体育运动安全应急预案。二是积极实施《体育与健康课程》方案。三是建立和完善学生的体质监测管理办法。四是建立健全运动员管理制度。加强对运动员的管理力度，认真落实运动员的注册登记工作。加强对运动员思想、文化学习的教育，不断提高运动员的训练效果。五是完善运动员训练制度。不断加强对训练工作的指导和管理，保证训练计划的落实。六是加强体育馆的管理措施，落实体育馆管理细则，探索体育馆管理的新模式。七是强化教练员的培养和管理制度。八是积极贯彻“阳光体育运动”精神，制定“两课、两操、两活动制度”“跑操制度”“军训制度”“极限拉练制度”等。

在艺术方面，我要求学工部着手制定《学校艺术教育发展规划》，主要对以下几方面的工作制定管理规范。(1) 完善音乐、美术课堂教学的管理制度。(2) 完善音乐和美术课外兴趣小组活动课程与活动制度。(3) 落实高考中艺术考生的辅导训练计划，加强调整辅导人员的配置，落实辅导时间、人员、地点。(4) 完善音乐和美术教师考评制度。过去我校对艺术考生忽视得多，而重视对这部分学生的培养，正是我们普爱教育的重要体现。落实艺考学生的辅导工作，使这部分学生有了专业的训练教室和训练老师，不再四处奔走各自为政各自训练，既是规范也方便了管理，提高了培养的效果。

我校是排球项目传统校，每一年都向上级专业球队和高校输送大批的人才，但是排球队员的管理不够规范化，有时甚至管理失当，使得专业训练与班级管理相互脱钩,形成了两方共管、其实两方都不管的局面。学校通过完善专业训练制度,给那些自由散漫得让文化课老师难管头疼的体育生带上了笼头,这不仅仅有利于管理,而且给正在成长中的排球队员施以正确的引导,有利于他们更健康地成长。过去排球队员的训练目标是进入高校的专业队,走的是专业之路,因而他们不重视文化课的学习。现在我们规范了体育专业的训练,对排球队员的文化课提出了更高的要求,队员们的文化课得到了空前的提高,走专业之路的越来越少,以特长生为项目参加高考的学生越来越多,整体素质越来越好。排球队的训练比赛以及教练的遴选也一直是难点,通过规范,我们采取了以奖代补的办法,重奖结果,轻看过程,大大提高了训练成效。

五、教辅后勤规范制

学校卫生工作涉及学校的方方面面。为了让卫生工作规范起来,我们做了大量的调研工作,最终在学工部和后勤中心的共同努力下使卫生工作得到了进一步的规范:建立卫生安全领导小组,建立校卫生安全网络,制定《江苏省新海高级中学卫生管理条例》,加强卫生安全检查和监督,制定健康促进学校制度,建立和完善了《江苏省新海高级中学学生体检制度》,进一步加强医务室自身建设,完善内部管理机制,落实岗位责任制,做好药品器材的计划和管理工作,实施晨检制度和病假报告制度,建立和完善以防近视为重点的常见病、传染病防治制度。做好计划生育工作,积极宣传人口政策,严格各项管理制度,落实责任制,确保各项指标100%达标。做好师生饮食卫生规范。我校三个餐厅均为“市A级食堂”,餐厅管理制度健全,就餐环境卫生有专人管理,从业人员三证齐全,衣着整洁,每年体检一次。食堂订立了“食堂卫生制度”“餐具消毒责任制度”“炊事员卫生管理责任制度”,成立了“学生卫生监督检查团”,定期或不定期地对四个餐厅和超市进行卫生及物价检查，检查结果上报学校，再由后勤中心对检查数据进行分析整理，对存在问题的部门提出整改意见，使餐厅、超市更好地为师生服务。

2010 年，我校在江苏省健康促进校评比过程中，以突出的硬件和软件给省评比验收组留下了难忘的印象，顺利获得银牌。2012 年 11 月，我校又以出色的表现，顺利通过了江苏省健康促进校的金牌验收。至于金牌还是银牌，只是一个结果，充分地利用这些评比性活动有力地促进学校工作的全面展开，才是我们最关注的重要的收获。

每个学校都投入了大量的资金来装备图书馆、实验室、微机房等，但是能否让这些设备充分地发挥作用，这是个问题。我们也看到许多学校都存在着大量装备闲置浪费的现象。像过去我校曾花大量资金装备的先进的语音室，到后来都没用到过几次；又如为开展劳技课添置的几十台缝纫机，跟风添置的卫星接收器、天文观测台等，基本上没有起到什么应有的作用。为了让这些装备能充分地利用起来，图书馆、实验室、信息中心等都建立了完善的管理制度，比如《新海高级中学图书馆教师资料室管理规则》《新海高级中学图书馆书库管理规则》《新海高级中学图书馆学生阅览室规章》《新海高级中学图书馆采编室规章》《新海高级中学图书馆各室开放时间》《新海高级中学借书处工作细则》《新海高级中学阅览室工作细则》《新海高级中学资料室工作细则》《新海高级中学采编室工作细则》《新海高级中学图书馆编目工作细则》《新海高级中学图书馆分类工作细则》《新海高级中学教材室工作细则》《新海高级中学电教室管理规定》《新海高级中学音像资料管理制度》《新海高级中学电脑机房管理制度》《新海高级中学校园网管理制度》《新海高级中学校园网安全领导小组制度》等。图书按类别登记造册,管理规范;在三个年级提供语文课阅览场所,所有阅览室在课余时间和双休日均向师生开放,从而提高了图书的利用率。实验室有明细的账目:各种仪器、药品的进货账和报废账,记录明确,分管部门定期检查。各种仪器、药品存放规范,并且建立卡片记录机制,做到账账相符,账物相符。信息中心严格按照省中小学校计算机室管理规范,对电教、计算机设备分类登记造册,专人管理,定期清查、检修、维护。计算机设备的广泛应用对我校教育教学质量的提高发挥了积极的作用。

确保校园安全是学校的首要工作,我们在安全管理上建立了严格的规章制度,并且责任到人。采取可视监控和红外报警相结合的安全防范网,安装红外报警器,对重点场所进行 24 小时可视监控。大门两侧及学校周边治安达到综合治理规定要求,电器线路及设备设施良好,安装符合安全要求。学校宿舍制定了《新海高级中学学生宿舍管理条例》《新海高级中学住校生公约》《新海高级中学宿舍内务整理规范及评分标准》等制度。管理人员每天两次检查学生宿舍状况。宿舍 24 小时有人值班,确保住校学生的人身和财产安全。学校大门实行 24 小时安全值班制度,在重点时段增加保卫人员,节假日也不例外。严格门卫管理制度,进入学校的车辆需持有学校发放的《通行证》,在校期间学生外出必须持有学校统一印制、班主任签署的出门证。

后勤中心还建立了严格的校产管理制度并张贴上墙,校舍档案内容齐全，立卷及时，装帧规范，专橱存放，保管规范。成立了分管校长为组长的校产管理领导小组，制定了严格的、切实可行的校产管理制度，设专职校产管理人员，各类校产管理台账完整齐全。固定资产管理规范，有相对固定的专职或兼职管理员。资产账务管理有序，账与账、账与物相符。室内物品按类放置，整齐有序，清洁无尘。实验仪器、图书、设备等固定资产明码标牌。建立了校舍定期检查、维修制度，校舍结构无安全隐患。微机室、实验室用电总控设备设施安装及材料都符合用电要求，学生宿舍线路无乱拉乱接现象。校产管理人员按月、按学期进行校舍、设施的安全检查和保养维护，保证各类安全设施一直处于良好状态。

六、建立完善的奖助学制

学校的教育教学最终综合体现为学校文化对人的熏陶和塑造，我一直追求打造富有人文气息、普爱精神的文化校园。为了更有效地以爱心唤醒爱心，我全力完善包括“校长奖励基金”“世博青教基金”“杰瑞奥赛奖学金”“中央华府新生奖学金”“阳光助学基金”“顺成班主任专项基金”“顺福排球运动基金”等在内的“普爱基金”奖助学体系。

校长奖励基金。2005 年，我从时任连云港市委书记王建华同志手中接过连云港市名校长的证书和奖金后，便用 5000 元的全部奖金在学校设立“校长奖励基金”。该基金主要用于奖励在校学习期间有突出进步或在学科竞赛及艺体、科技等比赛等方面表现突出的优秀学生，以及取得突出成绩或为学校发展做出重大贡献的师生员工。我设立这一基金的目的是以此践行自己的普爱教育理念。

顺成班主任专项奖励基金。为进一步加强班主任队伍建设，强化学校德育工作，新海中学增设了由 1981 届校友李顺成先生提供并以李先生的名字命名的“顺成”班主任专项奖励基金，用以奖励每年经评审入围的优秀班主任教师。自该项基金建立的四年间以来，已有近百人次的班主任受到奖励，从而极大地鼓舞了班主任教师工作的积极性。

顺福排球运动基金。我校1989届校友胡向顺先生在学校设立了“顺福排球运动基金”，用以促进学生排球特长的发展，鼓励学生参加各级各类体育竞赛，提高学生的综合素质，培养具有进取精神的优秀人才。自2010年该项基金设立以来，学校排球运动的发展得到了很大助力，解决了学生比赛期间的后顾之忧，男女排球队屡创佳绩。在全省第十七届、十八届中学生排球比赛中，学校女排蝉联高中女子组冠军，男排分获高中男子组第二名、第三名，骄人的成绩引起了社会各界的关注。在他的资助下，我校男女排球队还于2013年暑假成功访问了台湾，并与台北华侨高中的排球队进行了四场友谊比赛。

世博青教基金。2009年9月，连云港市世博设计院与新海高中共同设立“世博青教奖基金”，用于奖励学校优秀青年教师。该项基金的设立极大地丰富了“青蓝工程”“班主任辅导员制度”等青年教师专业发展体系，促进了青年教师的快速成长，对我校青年教师的培养起到了进一步的推动作用，使一大批青年教师快速成长起来。在中国教育学会外语教学专业委员会第17届学术年会上，我校蒲姝娅老师在研讨会上执教的研讨课荣获课例展评一等奖。

杰瑞学科竞赛奖学金。2008年，中国船舶重工集团公司第七一六研究所在我校设立“江苏省新海高级中学学科竞赛杰瑞奖学金”,用以奖励在学科竞赛中取得好成绩的学生和指导教师。该奖学金的设立对鼓励学生参加各级各类竞赛,增强学生的综合素质,促进学生个性特长的发展,激发学生的创新热情,培养高素质创新人才有着重要的推动作用。通过该项基金的支持,学校学科竞赛不断取得骄人的成绩。2009 年,学校有 68 人次获得省级以上奥赛一等奖;2010 年,有 71 人次获得省级以上奥赛一等奖;2011 年,获得省一等奖以上奖项共 100 余人次,其中数学省一等奖 10 人,化学省一等奖 23 人,全国一等奖 3 人,生物省一等奖 34 人,物理省一等奖 13 人,全国一等奖 1 人,信息学省一等奖 11 人,全国一等奖 2 人。在各类现场作文大赛中,省一等奖 6 人。在这些获奖者当中更是走出了 2010 届亚太地区信息学奥赛银牌获得者谢轶伦,2012 届全国化学奥林匹克竞赛银牌获得者、保送清华的贺届粲以及清华大学“新百年领军计划”推荐对象宋飏等一批优秀新海学子。2013 年,周忠鹏同学荣获连云港市参加全国数学奥赛的首枚金牌。可以说,我校的学科奥赛走在了全省前列。

中央华府新生奖学金。为鼓励学生更好地投入高中阶段学习以及帮助家庭有困难的学生,康缘集团与学校共同设立“中央华府”新生奖学金。近年来,有 200 余名全市优秀学子受到奖励,也有越来越多的港城学子选择进入新海高中完成高中学业,享受新海高中的优质教育资源。在 2010 年清华大学自主招生考试中,新海高中的殷其昊以 301 分位居全省理科第一名,获得了降 60 分录取资格;孟潇潇以 243 分位列全省文科第一名,获得了降 30 分录取资格;施宇凭借全国唯一象棋特长生身份,获得了降 60 分录取资格。2011 年,王书言以 234 分位列全省文科第一名;李剑以 278 分位列全省理科第二名。在 2012 年高考中,宋飏同学以 425 分成为市理科高考状元,位居全省第四;徐曼同学以404分成为连云港市文科高考状元。在2013年的高校自主招生中,我校有5人获清华北大加分资格,11人通过复旦面试,在七大名校自招综合成绩中,我校位居全省第十。2013年高考,我校两位文科学生总成绩分列全省第二名和第八名。

壹品国际拔尖创新人才奖励基金。2011年开始,我校入选清华大学“新百年领军计划”优秀生源基地。为了进一步鼓励我校高三学生及在拔尖创新人才方面做出突出贡献的教师,连云港市启秀置业发展有限公司在我校设立“壹品国际拔尖创新人才奖励基金”,除了奖励优秀学生之外,还将在学校举行部分特色活动时提供资金帮助。

与此同时,政府各部门也在以“阳光助学金”“春风行动”等多种形式支持学校的发展,书写着社会对祖国的花朵、对教育事业的大道之爱;而新海高中也在以突出的办学业绩回馈社会。全国教育系统先进集体、省基础教育课程改革先进集体、省普通高中创新人才培养试点学校、清华大学“新百年领军计划”优质生源基地等,无不在证明着学校的行健之路。

第二节　在校本课程中培养普爱智慧

在校园里,当看到一位位刚走上教学岗位、有着满腔热情的青年教师时,我常常想,用什么来引领他们拥有对学生的普爱情怀呢?当看到一个个充满朝气与活力的学生时,我还会想,如何才能让他们拥有回报社会普爱生命的情感呢?我想应该是智慧。国际21世纪教育委员会向联合国教科文组织提交的报告《学习——内在的财富》指出:“教育的首要作用之一是使人类有能力掌握自身的发展。”我们的教育应使每个人都拥有智慧。拥有智慧,可以拒绝平庸,对面临的问题迅速、灵活、正确地理解和解决,从而改进原有事物,创造新的事物,领跑生活;拥有智慧,方可进行创造，在竞争日益剧烈的现代社会中生存和发展，进而发挥引领、示范作用。掌握自己的命运，可以为自己生活在其中的社会的进步做出贡献，使每一个人都能发现、发挥和发展自己的创造能力。

记得有位教育家说过，爱自己的孩子，这是连老母鸡也会做的事。我们的普爱教育要想不简单地重复"老母鸡式"的爱，就要不断地钻研，去开发适合每一个学生发展的课程。因此，我希望在校训"普爱·行健"的指引下，构建精品课程，促进学生在全面发展的基础上特长发展，个性发展，让素质教育之花绽放校园。当然，我不回避高考应试的功利性，但我一直认为，当学校办学达到了一定的层次时，如果依然不能解放思想，而一味地只盯着高考的升学率，显然是与时代的要求相悖的，是与学校所处的龙头地位相悖的。我认为创新教学模式改革，培养学生良好的创新心理素质与创新思维方式，构建有利于创新素养生成的知识结构，让从这里毕业的学生真正在人生中能留下一些永恒的东西，让从这里毕业的学生将来有更好的发展潜力，这才算是成功的教育。如果我们的毕业生数年后成名成家，在回味他的成长经历时还是说，给他印象最深的学习过程依然是幼儿园，这对于中学教育来说应该是很失败的事情。

自实施新课程改革以来，我们也许会看到，虽然很多学校制定了一系列的规定办法，但大多是在新课程形势推动下被动完成的，而且在制定之初，大多缺少系统的思考。我首先想，开发校本课程，就应凸显学校的文化特质，而我校的文化特质就是普爱。这个特质就是让全体学生能有最好的课程选择，让全体学生全面而有个性地发展。

如何让新课程实施扎实推进，我首先想到的是早准备，快起动，多学习，广吸取。2004 年实行第一轮中层干部竞聘，在部门设置过程中我就感到课程改革与开发将提到重要的地位上来，于是专门成立了"教研处与课程教材研发处"，提早筹备，尽快投入。2005 年秋，在坚持"课程实施总体方案必须符合课程改革要求""全面、正确体现新课改指导思想""与国家的教育方针保持一致""与素质教育的要求保持一致""切合学校实际，办学理念"五项原则的基础上，我就提醒研发处策划并编制了《江苏省新海高级中学课程发展规划》。规划既客观地认识和分析了我校校本课程改革的基础和优势，也分析了当前课改进程中面临的主要困难和问题；从课程的功能、结构、内容、操作及评价等方面提出了校本课程的基本目标；从实际出发，围绕优化教学管理、配置教师队伍、改进教学科研、创新评价方式等方面提出了切实可行、行之有效的措施，有较强的可行性和可操作性。

一、用好成长手册，着眼于学生全面发展的过程监控

2005 年 10 月，我指导学校课程研发处研制的《学生成长手册》编制成功，成为苏北首家、全省领先、项目周全、理念先进的优秀范本，受到江苏省教育厅领导的高度评价和推广，连云港市主流媒体都做了报道。

成长记录是实施新课程评价的关键环节，是新课程理念的重要体现，我校在制作学生成长手册过程中注意了以下几点。

一是在评价维度上着重处理好全面性与操作性的关系。制定成长手册的目的是改变过去单一以分数作为依据的评价方式，更科学更全面地记录学生成长并对学生做出中肯的评价，从而促进学生的健康成长。因此从理论上说，记录评价的角度越全面，评价的结果就越具有权威性。而可操作性则相反，它强调的是简单便捷易于实施。在没有实践之前我们很多同仁都想当然地认为成长记录越全面越好，越繁越具有新课程意识，其实过犹不及，有些学校将学生成长档案弄得极为繁琐，要求每一科老师都要给每一个学生一个书面的评语，指出不足，提出希望。外国的先进教

育理念也确实是这么做的,可是我们没有考虑中外的区别,外国的小班制与中国的五六十人的班级怎能相同?许多政史地生老师要代教六七个班,甚至八九个班,三四百名学生就是辨认出来对于教师来说都很难,更别说写评语了。在这种客观现实下,面对繁琐的成长评价,不堪负重的老师只能草草收场,应付了事。这样评价的意图不可能贯彻下去,也达不到评价改革的目的。针对这个问题,我们做了些尝试。第一,针对目前学生的特点结合学校的实际情况,筛选出评价记录项。如我们主要选取学生的家庭表现、课堂表现、作业情况、社区服务、考试成绩等几方面来实施评价,记录成长,这样既关涉到了知识、情感、态度价值观等几个主要方面的内容,具有代表性和全面性,又使记录评价相对集中,便于操作和比较。第二,为进一步方便操作,减轻师生的评价负担,我们没有让每位任课教师都为每一位学生写综合评语,而是集中归纳概括了被评价人可能出现的种种情形,用选择项的形式呈现,供评价主体选择;在选择过程中我们采用不分等级不定项选择的方式进行,有几种表现就选几种表现,这样既全面概括又简便快捷。比如我们对学生的学习状况就归纳出了 10 种情况,经过这样的处理,在实施过程中既方便了教师也达到了评价的目的。

二是在评价内容上处理好阶段性与历时性的关系。提出多元智能理论的美国心理学家加德纳(H. Gardner)认为,档案袋评价是一种持续的、自然的评价形式,可以鼓励学生成为一个能意识到自己的学习与个人发展的主动学习者。通过承担学习结果的责任和对过程进行自我评价，可以激发学生改变自我、不断成长的内在动力。由此可见，成长记录应为历时性的，成长记录记录成长，成长评价促进成长。但是青少年的成长过程是一个渐进缓慢的过程，同时又是复杂多变的过程，需要我们经常引导他们对某一段成长历程进行阶段性的小结评价，总结经验教训，然后以最好的姿态继续行进在成长的进程中。代表新课程理念的教材也以“模块”的形式呈现，使学生的成长过程被划分为更小的单元，而每一个模块的学习结束后都要进行学分的认定，这也需要对学生进行对应的阶段性的评价。针对这一问题，我们采用阶段性评价与历时性评价相结合的方式来解决这一矛盾。我们首先保证传统的学期评价记录的完整性，如家长评价、任课教师评价、学生自评以及班主任的综合评价都以学期为单位，以学年为单元。这样相对完整的评价记录既适应于学分的认定，也便于师生及时总结提高，同时也能让教师适应从传统评价向新课程评价的过渡。在保证学期阶段性评价相对完整性的基础上，相对渗入历时性评价，使阶段性评价之中又有连续性，阶段性评价成为连续性评价的一部分。比如，我们在学生自我评价记录栏目中加上学生自然状况如身高、体重、肺活量等的记录描述，这样，似断实连，学生在看似孤立的阶段性评价中可以清晰地看到自己成长的连续轨迹，体悟到成长的喜悦。又如我们还设置了《播种良好习惯，收获丰厚人生》《积累一枝一叶，长成栋梁参天》两个历时性的项目，分别用来连续记录学生为他人服务的历程，持续收集学生的成长资料，在这长期的积累中让学生感受到奉献和成功的幸福感。

三是在信息采集上处理好质性记录与量化评价的关系。成长记录的意义在于发展。评价的最终目的不是为了检查、甄别和选拔，而是在于如何通过评价来促使被评价者改进，促进其发展。受旧的教育观念左右，传统的评价体系只以高考为中心，以分数为标准，只重结果不重过程，只看成绩不看素质，这种评价的弊端已受到越来越多的批判。但就目前而言，受高考制度的限制，学生评价过分关注学业成绩，尤其是过分关注高考所涉及科目成绩的现象仍难以马上改观，这是当前高中学生评价实践中的现状，适者生存，我们目前的评价也应把量化评估放在应有的位置上，但我们不能因此抛弃新课程的评价理念而把综合素质的形成性成长记录搁置不顾。其实形成性的质性记录与量化评价并不是水火不融的，质性的形成记录具有强大的促进激励功能，可以从根本上调动学生的内因，促进学生量化学业成绩的提高。在处理这一关系时我们采用了二者并举的方式。第一，我们在分学期的阶段性评价中依然保留了学业考试的原始成绩。因为组织严密、标准统一的考试成绩能公平地体现学生对该科的掌握水平，原始成绩的衡量较客观。但我们去掉了成绩的排名，因为学习中途的学业评价不存在选拔择优的功用，目的只在于测量学生对知识的掌握程度。第二，我们并不唯原始成绩是从，在评价学生某学科某阶段的学习情况时，我们设置了质性的评价栏目——“平时表现”，包括学习态度、作业完成情况、课堂表现、吃苦精神、合作意识、学习潜力等诸多方面，在综合考虑原始成绩与平时表现的基础上形成综合评价等第，再在综合等第的基础上进行学分认定。

四是在操作过程中处理好多元性与诚信度的关系。评价的多元性包括评价主体、评价方式、评价内容的多元化，评价多元化的重要目的在于全面深入地了解每一个学生，全面衡量学生、发现学生各方面的优点及潜在的特质，了解并尊重学生的个性差异，从而促进学生的全面发展。“多一把衡量的尺子，就会多出一批好学生”，这句话是对多元评价意义的形象概括。但评价主体的不同必然造成评价尺度的差异，评价方式的不同必然造成评价结果的差异,评价内容的不同必然造成评价标准的差异。这些差异又必然影响综合评价的统一性。由于评价的主体与被评价者的感情关系亲疏有别,也由于评价主体对评价功用认识的差异,评价主体往往心有顾虑,诸如此类的原因必然影响各项评价的真实性。上述这些现象在现实中比比皆是,比如教师在批阅主观性较强的作业时往往会受平时对该生的主观印象的影响而判分;家长因为担心对孩子的评价会成为进行“高利害、大规模评价”的依据,故而不能实事求是地评价;同学之间碍于面子或因为竞争也会互相做出与客观事实不符的评价。在传统的测试评价之中评价主体较为单一的老师,其标准相对统一。为避免主观影响,评卷时采用密封流水的方式,效果很好。但这类措施并不能用于学生成长手册中的多元评价。这个矛盾应怎样处理,确实是一个难点,我们在实施评价中也深感难度很大。为了尽可能避免上述现象,努力提高评价的可信度,我们主要从评价条目设置和综合评价权重系数的调整两方面来尝试解决问题。第一,我们在设计家长评价表的时候,没有像教师评价学生那样采用选择题的形式进行,而是归纳概括出学生在生活学习中应做到的 10 种良好表现,让家长根据学生的表现进行打分评价。这种设计既能让家长指出学生的表现与要求的差距,又能让学生明确努力的目标和方向。如果用选择题的形式来呈现,则必然要有负面的定性评价内容,而家长就会或因面子问题,不愿家丑外扬;或怕影响孩子前途,不敢写实。这都会造成家长评价的失真,我们这种设计就回避了这一问题。在学生自我评价上我们也吸取了家长评价的这一做法,所不同的是让学生对照目标对自己进行分等评价。第二,为了让评价尽可能地保证可信度,我们专门利用家长学校、家长会、班会对家长和学生进行培训,与他们进行深入的沟通,让家长和学生认识到如实评价的重要性;并向学生及家长做出解释说明，让他们明白评价的意义，给他们吃上定心丸，让他们评出真实情况。而且，我们在综合评估的时候也降低了这两项主观性项目的比重。

五是在评价期效上处理好记实性与激励性的关系。成长记录，记录成长。国内学生大致给成长记录做了这样一个本土化的定义，"就是根据教育教学目标，有意识地将学生的相关作品及其他有关证据收集起来，通过合理地分析与解释，反映学生在学习与发展过程中的优势与不足，反映学生在达到目标过程中付出的努力与进步，并通过学生的自我反思激励学生取得更高的成就"。因此，我们要以纪实的态度来收集资料并如实记录，因为收集和分析反映学生发展过程和结果的资料是全面评价学生的关键。既然这样，这些资料不仅应涵盖学生发展的优势领域，也应涵盖被认为是学生发展不足的领域，如学生的弱项甚至是违纪情况，这样才能为学生的发展建立全面的、客观的资料档案，学生的成长轨迹才能得到全面记录。

但是，制订成长手册的目的是多方面地激励学生，充分发展学生个性，让学生感受成功的喜悦，要让学生正确认识成长记录与评价，不要使学生对档案袋评价产生抵触情绪和畏惧情绪，这样才能充分调动学生积极参与的热情，达到评价的预期目的。从这一点看，成长记录应以正面记录为主，存优避劣。

为处理这个矛盾，我们一方面设立了《前事不忘，后事之师》这个栏目，以记录学生的违纪情况，通过教育让学生认识到敢于面对错误也是改正错误的诚意，知耻而后勇，让学生明白卧薪尝胆的苦心；同时又控制违纪记录的标准，如对班级荣誉造成重大影响的，对学校的校规有严重抵触的，必须进入记录，但我们又规定可以在规定的时间和条件下撤销这些记录，并且在评价的部分应采用激励性语言。这些灵活机动的处理办法使成长记录既保持记实性,又充分发挥其应有的激励作用。

六是在手册编订时处理好整体与细节的关系。以上主要是实施评价过程中应注意的问题,当把这些关系一一处理好,转入成长手册制作过程时,我们还要处理好整体与细节的关系。制作成长手册的目的是激励学生更好地成长,成长记录不仅是记录教育成果的载体,其本身就是很好的教育素材与介质,我们在制作成长记录时要整体考虑,全方位设计,力求全面而又重点突出地展现学生的学习成长历程。但是我们更不能忽略其本身的教育作用。“学校无小事,事事有教育”,任何细节之处都会有潜移默化的影响作用。我们在把握大局、重点突出、强化激励的整体设计方案下,不放过细节,从封面设计到语言表述,各个细节都让学生体会到人文的理念与向上的精神追求。如我校学生成长记录的封面是把学校的标志性建筑融于天蓝的主色调中,让学生感受青春的活力与广阔的成长空间;封二、封三和封底则分别选取校园景色与学生活动场面,在无形中培养学生爱我校园的热情,配上“博雅、睿智、持恒、宏毅”的题词,启迪着学生的向善与进取之心,贯穿其中的“我自信,我向上,我刻苦,我成功”四个短语,又于无形之中塑造着学生的品性。开篇第一页《致同学》,以动情的文字给学生写了一封信,祝贺他们中考的成功,祝愿他们健康地成长。在《师生难忘》栏目我们特意让学生记录下自己每一位任课教师的名字,并在空白处写上“记住曾经帮助过我们的每一个人,让我们拥有一颗感恩的心”。这些细节的设置使成长手册处处有教育,补白也讲话,与前瞻性、大局性的统筹规划相互映照,力求完美。

二、开发人文气息浓郁的校本课程

为丰富学生的课程选择,让学生能有更多的选课自由和自主发展的空间,2005 年 9 月起,我就倡导有研究特长的老师去开发符合校情、富有特色的校本课程,扩大学生的课程选择范围,丰富学生的学习内容。为充分发掘和利用校内外教育教学资源,有效保障、推进校本课程开发,不断促进校本课程更新,学校制定了《江苏省新海高级中学校本课程开发与实施方案》和《江苏省新海高级中学学生选课指导手册》,通过方案统领我校校本课程的开发和实施,对课程改革有很强的实际意义。与此同时,学校成立校本课程开发与实施的组织机构——校本课程开发与实施领导小组和指导小组,制定了《江苏省新海高级中学校本课程管理细则》,对校本课程管理的目标、申报和遴选、开设、评价、教材编写等做了具体规定,以切实加强对校本课程的过程管理,形成了既符合素质教育要求又有学校特色的课程体系。

我努力去克服管理难度大、教师调配难、场地局促等困难,坚持打破学科组与组之间的界限,打开班与班之间的"墙",充分调动教师、学生、家长、社会等方面的积极性,根据学校特定的自然环境和人文环境,以多种途径、多种方式、多种渠道开发与利用丰富的校本课程资源,为学生创设一个丰富的可共享的资源库,提供多样化的选修课程以及充分的选择机会,让学生在选择中学会选择、学会负责、学会规划人生,为学生的人生打底,共同促进学生人文素养的提高和发展。我认为这种校本课程的设置和开设真正尊重了学生的个性,践行了普爱的精神。

在实施新课程的过程中,学校全面执行国家及地方课程,增强课程领导意识,强化对课程的管理力度,严格按照新课程标准,开齐、开足国家课程和地方课程,进一步致力于完善教学设施,创造教学条件,为开展活动课程提供基础;而教师则积极探索活动课程的方式、方法和方案,多组织科技发明制作、艺术摄影、音乐鉴赏、美术创作等各项实践活动,以此来拓宽学生的创造空间,增加学生的创造机会,培养学生的创造技能。

在第一轮校本课程申报中，学校组织学术委员和校本课程开发学科指导小组成员进行充分评议审定，学科教研组最终共开设 44 门校本课程，供学生选报并统一安排教学。2008 年，我校又组织了新一轮校本课程申报，共有 215 位老师申报了 136 门课程。按计划，学校每学期都组织校本课程申报，创设了一大批内涵丰富、形式多样、优质完善、系统科学的校本课程供学生选修。其中《汉字文化》《高考满分作文评析》《化学与生活》《旅游与地理环境》《游戏与数学》《心理健康教育》等十余门精品校本课程深受学生欢迎，并在兄弟学校推广使用，受到兄弟学校的欢迎。新海中学至今已编印校本教材 28 本，部分教材已被推广到兄弟学校使用。

2008 年下半年开始，学校组织校学术委员和各学科骨干教师，根据我校实施新课程的实践与探索，认真总结成功经验，编写并出版了《走进新课程——江苏省新海高级中学新课程教学实践与探索》一书。2008 年 9 月，江苏省教育厅新课程视导组这样评价我校：“有文化品位的、有逻辑结构的课程安排。每一类型的选修课都有明确的定位，盆景课程精致、精品，适合学生发展。”

根据我校明确的教育哲学思想和普爱办学宗旨，校本课程开发这么多年来承担了三项任务：满足学生实际发展的需要，培养和提高教师的课程意识，促进学校特色的形成。

经过几年的努力，学校校本课程开发已经初具规模，并趋于成熟，学校每年开设有一百多门校本课程，打造并出版了汉字文化、体育、环保、心理健康、诗词鉴赏等数十门特色化的精品校本课程教材。学校将教师自己精心设计的校本课程纲要及部分课程的过程资料结集成册，并分批刻制精品课的教学实录光盘，收到了非常好的示范与辐射效果。精品校本课程为学生提供了学习内容、方法的选择机会，体现了教育内容的多元性和选择性，构成了具有普爱特色的富有生命力的课程文化。下面是我校历史教师吴海燕老师开设校本选修课《营养与健康》的内容介绍，由此可以感受到我校校本课程开发的人文气息。

关注健康　食尚生活

人们常说：没什么别没钱，有什么别有病——从这句玩笑话中，我们可以看出健康对于每个人的重要性。事实上，健康的重要性远超过了金钱对我们的重要性。曾经有人用“1000000000000”来比喻人的一生，其中“1”代表健康，各个“0”代表生命中的事业、金钱、地位、权力、快乐、家庭、爱情、房子、车子……“1”一旦失去，纷繁冗杂的“0”均失去意义，所有的浮华喧嚣亦都将归于沉寂。而在我们的生活中，许多同事、朋友、同学的健康水平正处于下降状态；很多人由于快速的生活节奏，不断增加的生活、工作、学习压力等种种原因忽视了健康的重要性。往往在健康的时候不知道保健，在亚健康的时候不知道调理，在患病的时候才知道治疗，既受罪又花钱，还影响了正常生活。这些都使得关注健康成为重要和必要的热点。

从另一方面来看，营养是生命之源，健康之本。青少年的营养水平是一个国家的国民经济、科学技术以及文化教育、社会进步水平的综合标志。青少年时期是人一生当中生长发育迅速、新陈代谢旺盛的阶段，加之学习任务较为繁重，因此营养要求有其特殊性。但是，目前我国学生的营养状况呈现“双峰”现象：学生的早餐被忽略，午餐在“流浪”，晚餐搭配极不合理。因此，《营养与健康》校本课程的设立，就是通过对营养学基础知识、运动营养、减肥营养、疾病营养、营养食谱设计等营养学方面相关知识的介绍，希望能对高中学生的营养健康问题提供一些帮助，从营养学的角度提升高中学生的健康指数；同时使大家关注营养，了解一些保健常识，在工作、学业取得进步的同时兼得健康，获得身心的共同发展。

《营养与健康》校本课程共分为六个板块（6 学时）：生物学与健康——营养学基础知识、走出营养误区——食品营养与健康常识、对症下“餐”——减压营养、减肥营养与疾病营养、舌尖上的饮食健康——影视作品中的美食赏析、食物中的相生相宜——科学的饮食搭配、食尚生活创造——营养食谱的设计与营养简餐的制作。

板块一：生物学与健康——营养学基础知识

介绍营养和食品与健康的关系。通过表格数据和图片形象展示人体所需要的五大类营养素及其在人体中的作用，再介绍这些营养的主要食物来源，使学生真正理解均衡膳食的重要性。通过营养学基础知识的介绍，使学生初步了解生物学与健康的相关知识，建立关注饮食健康的初步意识。

板块二：走出营养误区——食品营养与健康常识

针对如：“西餐比中餐更有营养”“运动饮料比白开水更适

合运动后恢复体力”“空腹喝牛奶有利于蛋白质吸收”等学生中常见的营养观点，通过资料收集展示、辩论等形式甄别正误，使学生建立正确的营养观念，改变日常饮食中的错误做法，走出营养误区，步入健康生活的轨道。

板块三：对症下“餐”——运动营养、减肥营养与疾病营养

根据中国居民平衡膳食宝塔原则，指导学生选择健康食品，进行合理膳食指导，如蔬菜十三鲜、九种香甜可口的水果、荤菜吃出均衡营养、养脑巧吃干果、咖啡好喝要限量等。针对运动、减肥与疾病三个常见问题，介绍相关的有效营养配置方案，使学生在今后的学习、生活中能有效地对症下“餐”。

板块四：舌尖上的饮食健康——影视作品中的美食赏析

播放世界各地的营养美食制作视频以及相关影视作品中的美食，让学生初步建立美食与营养的意识，为第六个板块“食尚生活创造——营养食谱的设计与营养简餐的制作”奠定基础。

板块五：食物中的相生相宜——科学的饮食搭配

生活中，有些食物的搭配组合已经是由来已久，其美妙的口味也早已被人们所接受，习惯上也觉得这些搭配是顺理成章的。但从健康的角度讲，这些食物搭配还是不科学的。本课程通过分析 12 种被健康专家列为错误的菜肴搭配，介绍食物中的相生相宜原理，使学生初步建立饮食搭配要实现健康膳食最优组合的意识。

板块六：食尚生活创造——营养食谱的设计与营养简餐的制作

在前五个板块知识学习的基础上，尝试进行营养食谱的设计与营养简餐的制作，让学生亲自动手创造食尚健康生活。

总之,学生通过本课程的学习,能关注健康,关注营养,学会健康的生活饮食方式,获得学业与身心的同步健康发展。

三、构建促进学生全面发展的生命化课堂

课程文化是框架,课堂文化是内核。进入新世纪后,我深刻地感受到社会转型的新鲜的生命气息,教育和教学应更多地关注个体生命的质量,不断地拓展生命的存在空间,促进个体生命的成长,在积极构建普爱校本课程的基础上,我们要求教师逐渐上升到从生命的高度,用动态生成的观点看待课堂教学。具体做法是,首先借助我校享受国务院津贴的知名专家、省特级教师李震教授提出"中学语文生命化课堂教学"这一命题,站在"生命化"的高度从事中学语文教育事业,让学生在语文学习过程中感受到生命的力量、生命的追求和生命的丰富,从而全面提升中学生的语文素养。十多年来,李震教授和他的团队成员从研究语文课堂教学模式、研究语文学习心理特点、研究语文课堂教学设计和实施策略、研究写作教学规律等方面进行了研究,先后出版了《与生命对话》《李震讲语文》《教与学整体设计》《情趣读写》等专著或编著,发表了《中学生语文学习心理研究》《引读教学实验报告》《语文课堂:享受语言文字的生命阳光》等论文。其中《语文生命化课堂研究》一文于 2011 年获教育部基础教育课程改革优秀教学研究成果三等奖、江苏省首届基础教育优秀成果一等奖。

我们的课堂形式基本上实现了从"知识课堂""智能课堂"向"生命课堂"的迈进,全力打造普爱生命化课堂。

我校的"生命化课堂"不同于"生命课堂"。"生命课堂"教育侧重在教人珍爱生命、实现人生价值和意义;而"生命化课堂"教育就是化育生命的课堂教育,比如在语文的阅读、写作和综合实践活动中,培养学生的生命关怀,关注学生的生命成长,让学生享受到生命的欢悦与呼吸,看到

生命的气息与光华。它是以“言语生命”为一切教学思想和行为的原点，依据生命特征，始终保持生命在场，随顺人的生命自然，为生命的成长创造条件，顺应、扶助和引导着每一个个体言语生命之三维自然生命、精神生命和社会生命相互融通，健康、和谐而又富有个性地发展，动态地提升生命的质量。语文“生命化课堂”就是这样一种教学：转变工具理性主义的教育思想，确立汉字为语文教学的核心地位，直面人的生命，遵循生命发展的规律，以生活世界为根基，以生命的言语品质发展为目标，以语言带动内容，通过学生亲历和历练的语文实践活动，让学生在言语品味中舒展自己的生命，体验自己的生存状态，获得言语感知和情感丰盈的快乐，以汉字汉语的生命精神和生命意蕴促进言语生命的言语和精神同构共生，最大限度地使言语生命发展的潜在可能性变为言语创造和自我实现的现实存在性，从而达成言语生命在更高层次上的和谐。

“生命化课堂”是以生命哲学为理论基础的。生命哲学是西方社会关于人的生命价值和生命意义的学说，主张以生命理解生命，由生命本身去了解生命，生命是一切认识的起点和终点。人的出现使得自在的生命体同时具有了自为的本性；人把生命变成“自我规定”的自由存在。我们要解释世界、文化、历史，生命的发生和演变是最根本的依据，只有生命才是世界的内在本质和最终根源。人在生物学上的未特定化和不完善性，赋予了人的开放性以及随之而来的超越生命的文化性，也使得教育成为人的生命的生存方式；人总是不断地追求更完善的自我组织形式，开发利用文化的精神形态，以满足对超越的追求，实现生命的超越，生成新的自我。而实现个体生命的创造和超越，就需要教育；生命意识只是人的一种潜在的因素，有待于教育的唤醒。教育可以使生命个体体悟人生的意义，追求人生的理想，从而成为有尊严的价值主体。教育的对象是人，是一个个具体的、现实的、活生生的生命个体,因此,教育因生命而发生,教育必须成为生命化教育,生命的展开和成长就是教育。这种教育是感性的、生动的、丰富的生活世界,能够满足学生在理智、情感、意志等多方面的发展。生命哲学指导下的课堂,能够关注生命的价值,让生命在学科教育中能够接受知识,接受润泽,开启智慧,具有创造的冲动,从而诗意地栖居。

“生命化课堂”的教育思想是渗透在课堂中的一种召唤和情怀,是富有魅力的能够激活实践的对生命的关怀,是对生命的解蔽和显示。通过解蔽,把生命成长的途径显示出来,把鲜活的生命成长的状态显示出来。从这个意义上来讲,生命化教育思想首先是关于生命成长的道路。“生命化课堂”强调以“完整的人”的可持续发展为教育追求。所谓“完整的人”,就是“自然人”“精神人”和“社会人”相统一的现实的人,现实的人都是完整的人。他们有躯体,也有思想;有物质追求,也有精神追求。所谓教学中的“可持续发展”,是指学习主体通过学科知识的学习,具有了明确的发展指向,最优化地开发了学习潜能,提高了文化素养,涵养了智慧,促进了学习者生理和精神的和谐圆润,在生命的旅程中,能够保持长久而又强劲的发展能力。学习者个体的自然生命是发展的前提和基础,在课堂中,学习者的自然生命通过学习活动和外部生活世界结合在一起,通过学习者个体努力实践的生命活动,实现着与生活世界的物质、信息和能量的交换,从而内化为生命的力量,智慧和能力就会得到发展。“生命化课堂”把对人的人文关怀与对其生存的现实生活世界的关注相统一,使课堂教学成为一个完整的人的动态生成过程,成为一个人的生活意义和生命价值不断显现的生动活泼的生活过程。“生命化课堂”强调解放学生的内部力量,挖掘学生的内部潜能;强调通过扎扎实实的、生动活泼的、有血有肉的语言训练,促进中学生语言素质和心理素质和谐发展,培养能够实现超越式“个性发展”的新人。

尊重生命的特性是“生命化课堂”的教育理念。生命是有特性的。对此，许多教育家都有研究和深刻的阐述，像16世纪的神父克里索托姆就认识到教育必须适合儿童的理解能力，夸美纽斯在《大教学论》中提出了教育的自然性原则，卢梭提出了教育必须遵循生命的人性的自然，维果茨基也主张教学必须以儿童一定的成熟作为基础。心理学的同卵双生子实验也说明了成熟对教育的制约作用。这些都说明教育不能违背生命的特性，教育要尾随生命发展之后，生命是教育之本，是教育安身立命的依据，生命的成熟是教育进行的前提。生命化课堂的第一要义就是敬畏生命，尊重生命的特性，在实践中“引导生命主体不断地超越”。人的生命是有限的，但人总是追求精神性对生物性的超越，使自己成为一个开放的存在，成为一个自在的存在。人对知识的学习也是一个追求、生成和超越的过程，人在学习中不断地丰富自己的精神世界，不断地揭示生命的意义和价值。教育应该以人为世界的价值核心，以对个体生命的生存形态和意义之尊重为最高价值关怀，不断地开发个体生命思维之源。

我校师生把课堂生活作为自己生命的一段重要的构成部分，在课堂的教与学过程中，通过主体间的各种交往活动，既生成知识，又提高智能，最根本的是把个体精神生命发展的主动权还给学生，不仅使学生通过简单的技术学习能有感而发、触类旁通、举一反三，同时达到学科融合，而且还使得学生的心灵得到了健全、丰富与发展，课堂生活成为师生共同学习与探究知识、智慧展示与能力发展、情意交融与人性养育的殿堂。“生命化课堂”受到了江苏省新课程视导专家组的充分肯定。

我力求让我校的生命化课堂文化体现出四个普爱的基本特征：

一是关爱学生的主体性特征。在生命化课堂上，学生是教育教学活动的基础和出发点。教育教学的目的是促进学生的成长发展。因此，我们要求教师一定要根据学生的兴趣和爱好开展教育教学活动，唤醒学生的主体意识。教师作为组织者和引导者，面向全体学生，在课堂上尽可能地满足学生的不同需要。在学习过程中指导学生去"想"，在教学内容上指导学生去"研"，在课堂上放手让学生去"创"。在实践中，许多教师建构了主体性的教学模式，促进了学生主体的发展。

二是关爱学生的生命性特征。课堂教学过程是感性与理性融合的整体，是知情意统一的整体。在知识教学的起点上，教师能够直面人的生命；在知识教学的过程中，教师能够通过人的生命，遵循生命的本性；在获得知识的结果上，教师能够促进生命的成长，追寻生命的意义和价值，提高生命的质量。

三是关爱生活性特征。教学活动是一种特殊的生活过程，不仅是一个认知的知识接受过程，而且也是一个完整的人的生长与发展的过程。因此，我们要求教师在课堂上一定要紧密联系生活，充分关注学生的现实生活，帮助他们不断超越自己现有的生存和发展状态，通过课堂学习，实现可能的生活，提升学生的生活意义和生命价值。

四是具有生成性特征。课程知识是教师和学生在具体的、生动的、变动的、不拘的教学活动中共同建构、不断转化和创造的结果，在教学活动中师生、生生互动，思想碰撞，对话交流，必然会创造出新的有意义的理解，这种新的有意义的理解就是生成。教师在生命化课堂中尊重生命成长的规律，尊重关爱学生，形成灵动开放的教学结构，交流彼此的感性，分享彼此的思考，这必然会点亮学生智慧的火种，使生命更加鲜亮饱满。

四、建设高水准的省市级课程基地

自2011年起，江苏省开创性地启动了课程基地建设工作和拔尖创新人才培养试点工作，给了我更大的思考空间和试验平台。我又以创设新型学习环境为特征，以改进课程内容实施方式为重点，以增强实践认知和学习能力为主线，以提高综合素质为目标，促进学生在自主、合作、探究中提高学习效能，全力建设课程基地。

课程基地强调学校的核心在学科建设，学校的一切活动必须以学科知识做支撑，以专业化视角系统建设课程基地，创建课程教学内容的呈现载体，增强学生对抽象教学内容的形象感悟，促进学生的全面发展；以基地个性化体验开发课程资源，满足师生的个性化学习需求，培养学生自主学习、探索学习的优良品质，为不同潜质学生的发展提供帮助；以基地为纽带，促进中等和高等教育的有效对接，实施个性化教学系统性培养；以基地为平台,构建教师团队发展,使课程基地既服务于学生的学习需要,又服务于教师的发展需要,以名师经营基地,以基地促进教师,以教师引领学生;以实践操作性活动促进学生心情愉悦,健康成长,通过教学手段创新引导学生演示、验证、巩固和拓展教学内容,培养创新精神和实践能力;以丰富的学科气象促进学生感受学习即生活、学校即社会,走进生活化的学习、终身化的学习。将课程基地建设成为课程教学改革中心、课程设施资源中心、知识见识实践中心、天赋特长体验中心、拔尖人才培养中心、生活技能教育中心。

2011 年 8 月,我校申报的省级生物课程基地被批准立项,成为全省首批的 31 个普通高中课程基地建设项目之一。目前,学校已多方筹集资金,全面建设课程基地,尖端的生态课程体系已经基本完备,集环境保护、现代生物技术、基因技术、机器人、纳米技术等项目于一体的总投入将达 700 万元的生态课程基地已具规模。我们已建成并投入使用了国内一流的生物实验室、数字显微镜等设施,同时还拓展教学的空间,与连云港市振兴集团合作,开设了生物课程基地校外实验教学区,并与东南大学签订了生物课程基地共建协议。目前,我校生物课程基地的建设与发展正向更高层次迈进。

我校生物课程基地首先是从挖掘基地内涵、渗透人文精神的角度去体现基地建设的科学性和人文性。如“生命日记”“走进细胞”“生命信使”“危险之美”“灵动的海洋”等,通过令人瞩目的数码显微照片让学生感受到微观世界的奇幻与美丽,体验到人与自然之和谐、大自然之广博之美……这些都成为学生热爱科学的激发物,特色鲜明的教学环境亦在无形之中激发了学生强烈的求知欲和积极向上的学习态度。其次是改革教学模式,实施主体参与。组织学生利用校内生物资源、充分利用实验室开展实验教学,并由课堂内教学的单一模式向课堂外科技活动延伸;学校生态园的种植区已被划分成多个区域,分配给各年级学生种植、管理、培育,目的是开发新型的“学中做、做中学”的教学方式。再次是生物学科教学注重更新教育理念,提升教师素养。注重培养教师树立开放的、合作的、探究的课程意识,注意自身资源的开发与利用,及时了解教学研究动态,形成自己的教学风格;促进教师努力开发相关课题研究,如“多种版本生物学教材的比较研究”等。在生物课程基地建设过程中,我们还注意营造文化氛围。生物学科文化异彩纷呈,具有多样性,渗透着浓郁的学术气息以及自由探索的学术精神。我校生物课程基地为学生提供了多种形式的科学探究活动,让学生获得直接经验和体验,在课堂上和校园里营建科学、民主、合作、创新的和谐文化,不断优化育人环境。

2011 年年底,以李震教授为首的教研团队在“生命化课堂”的理论支撑下,申报了市级“生态语文课程基地”项目,2012 年 1 月获得连云港市教育局批准立项。2013 年年底投资 20 多万元的以语文课程基地建设和教师专业发展平台为主题的“李震教授工作站”揭牌。生态语文课程基地的核心理念是“以生态环境为本,营造良性互动的语文学习环境”。全球化背景下的“以生态环境为本”的理念是对工业化背景下的理性在人与社会及人与自然关系上的误用之扬弃,同时这一理念改变了过去把生态中心主义作为生态伦理核心理念的错误认识。课程基地建设在重新审定人与自然关系的同时,也把人与社会的关系纳入生态伦理中,强调整体、秩序和对自然界所有生命的尊重。人类有价值,自然也有价值,而且人类价值包含于自然价值之中,因此,生态世界观成为我校生态语文课程基地建设的理论基础。

我们借用生态学的理念建设的生态语文课程基地把语文教育活动看

作一个有机的整体，遵循语文教育的自然生态规律，遵循受教育者的身心发展规律，通过营造一种自然、和谐、全面、立体、稳定、平衡、有序的语文教育生态环境，通过建设良好的语文教育生态型文化，构建注重生命发展的生态型课堂，实施激发学生生命活力的生态型教学，使全体学生得到适合其成长与发展的语文教育。生态语文课程基地建设，就是要把生态观念引入语文教育教学之中，使语文教育教学活动形成一个动态的、良性循环的、富有生命力的语文学习环境。目前，新海高中全部的教室均已改造为语文多功能教学实验室，每间教室都配备标准书柜，配齐高中必读多个系列的中外图书200部，学校图书馆及连云港市图书馆已专门辟地建成李震工作室、学校生态语文研学基地，其中包括阅览室、辩论厅、专题研究室、创新指导中心和文学社活动中心，学校综合楼还设有影视采编制作室等。校园走廊文化也已经形成系列：中国传统文化二十四孝系列、名家劝学教育系列、中华五千年文明教育系列、中国文化与自然遗产系列、中国传统美德教育系列、国学经典教育系列、国粹艺术欣赏系列、中国绘画艺术欣赏系列等。另外，生态语文基地还将建设唐诗苑、宋词轩和东西方文化名人园，以期和学校的校训、校风等共同构成立体互动的生态语文环境。为了提升语文课程基地品位，我们还延伸校外人力资源，形成良性循环的语文教学网络，利用我校是清华大学、南京大学、复旦大学、南京师范大学等著名高校生源基地的有利条件，积极协调引入高校的资源，紧密依托江苏师范大学文学院、连云港师专等，在生态语文课程基地创设作家工作室，并设影视文学创作等课程。定期聘请著名作家、诗人、评论家入驻基地，为文学社乃至全体学生开设知识讲座、指导文学创作，让学生在文学创作、影视制作等具体的实践活动中形成创造才能。另外，我校有着八十多年的办学历史，世界各地都有着新海的优秀学子，有院士，有将军，有商界翘楚，也有影视界达人。基地积极引进校友资源，聘请他们给学生讲人生、话社会，开拓学生的社会视野，拓展学生的思维空间，养成学生的拼搏意识，成就学生的精彩人生。尤其是青年教师仲恒在赴美国交流教授汉语的一年时间内，传回了大量外国语文教育的实例，这更加有利于形成良性循环的语文教学网络。当然，信息时代的语文教育离不开网络，我校的生态语文课程基地重点建设"数字化资源库"，整合校内外实体资源、网络资源、图书资源和校史校友资源，成立生态语文自主学习的"数字化资源库"，建设促进学生自主学习的平台。生态语文课程基地重视挖掘区域文化资源，构建坚实有效的语文教学社会土壤。从区域文化来看，连云港市在天一方，有山有海，处处掩藏着人类远古的活动踪迹。有东方天书的将军崖岩画，有昭示东夷部落生活形态的藤花落遗址，有两千年前秦国在此立石的秦东门，有徐福东渡出海的海口，连云港还孕育了中国古代两部伟大的浪漫主义小说《西游记》和《镜花缘》。连云港——这个地球的典型区域的悠久历史已经超越了那些王朝更迭所呈现出来的价值。

与此同时，我校又被江苏省教育厅确定为全省14个拔尖创新人才培养试点学校之一。为此，我便有了更深入的思考：如何以省课程基地为龙头，再着力建设一批市级课程基地和校级重点学科？怎样才能将拔尖创新人才的培养提到一个更高的层面？以课程基地建设为引领，以培养拔尖创新人才为平台，给学生以更广阔的学习发展空间，这不正是大道普爱的具体表现吗？

第三节　在课题研究中弘扬普爱文化

在经济全球化的背景下，我们看到，一些青年人不愿意学习祖国的经典文化，盲目崇尚西方的生活方式，信奉西方的价值观。面对这种现状，

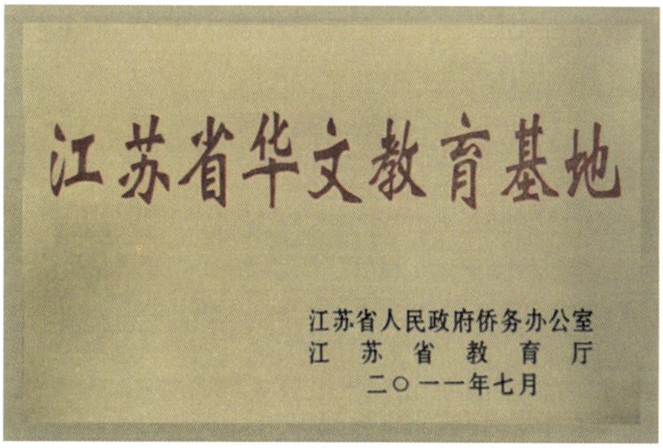

我认为加强传统经典文化教育，固“本”培“根”，让学生在传统经典文化学习中陶冶性情，形成庄重沉稳的品质，这是对青年一代负责任的爱的重要体现。为此，我主动申报了全国教育科学“十一五”规划教育部规划课题——《民族根文化与特色高中构建之研究》。2009 年 9 月，这一课题成功立项。

民族文化体现出民族精神，民族精神是民族文化的精髓，是民族的根。然而，当全球化大潮来临之时，我们看到，一些青年人不愿意学习祖国的经典文化，崇尚西方的生活方式，信奉西方的价值观，对西方文化缺少“文化批判”，这些都无情地侵蚀着我们的道德大厦和我们的文化根基，在青年一代当中出现了深刻的精神危机和道德危机。2008 年，我校科学分析了高中教育面临的新形势与新任务，认为我们有必要加强传统经典文化教育，固“本”培“根”，塑造学生内涵，让学生感受到中国传统文化深厚的人文底蕴，让学生在经典中陶冶情操，形成胸怀宽广、庄重沉稳的品质。2010 年 7 月，教育家柳斌先生来校考察时也对我校强调“民族根”的教育大加赞赏。几年来的实践证明，我们的“构建民族根文化特色高中的实践研究”促进了学生的精神成长，丰富了学生的思想内涵，为我校的高位发展、特色发展起到了重要的作用。

我之所以要申报这个课题，是因为进入 20 世纪 90 年代后，人们越来越认识到特色办学的重要性。1993 年 2 月，中共中央、国务院颁发《中国教育改革和发展纲要》。《纲要》提出,中小学要“办出各自的特色”。新海高中历史悠久,积淀雄厚,以人文教育见长,在八十年的办学过程中形成了优秀的人文传统。新世纪以来,学校进入了一个以质量提高为主的新时期。我校于2001年实行了高初中分离。分离前的2000年,高中为14轨42个班级;2004年高初中分离时,我校高中为20轨60个教学班级;2009年,学校发展到了85个教学班级。随着高中生源的减少,我校进入了一个重要的新时期:从以数量发展为主逐步变为以质量提高为主,再从以质量提高为主逐步变为以特色构建为主;把办学特色放在学校改革和发展的突出位置,在特色的形成和品牌的培育中,使学校发展上升到一个新的更高水平。我们结合我校“为每一位学生终身发展奠定基础”的教育理念,坚持育人为本,全面推进素质教育。在学校,教师的发展、职工的发展都是为了学生的发展。构建民族根文化体系,加强传统经典文化教育,既注重了学生知识的获得,又关注了学生精神的成长。

自这个课题立项以来,我们进行了一系列深入而卓有成效的研究实践。一是通过学科课程来突出主题文化。我校在学科课程实施过程中强化经典文化教育,开设了一系列文化选修课程。“诗歌与散文系列”开设《中国古代诗词曲选读》《唐诗选读》《宋词选读》《唐宋散文选读》等,“文化论著与专题”开设《中外文化论著选读》《论语选读》《孟子选读》等。强调阅读经典名著、优秀诗文,有利于接受优秀文化的熏陶和对中华文化的体认,增强民族使命感和社会责任感。二是通过校本课程来拓展主题文化。我们以学生的需求为导向,尊重学生的个性差异,满足学生的不同需要,围绕传统经典文化的积极开发,着眼于打好学生的生命底色,培育学生做一个“有根”的世界公民。我们在尊重学生的个性差异、满足学生的不同需要的前提下,围绕传统经典文化积极开发校本课程,有关古典文

学方面的有《谈文化散文》《诗歌鉴赏中的美学教育》《〈红楼梦〉讲座》《古典诗歌语言鉴赏》《古典诗歌中的理趣探究》《李清照词欣赏》《〈论语〉赏析》《〈孟子〉赏析》《唐诗选讲》《李白与诗歌的浪漫主义》《汉字文化》《古代文人的那些偶像们》等校本课程近30门，年参加学生人数3000人。三是通过活动课程来实践主题文化。学校开设普爱讲坛，邀请著名人士与学生开展对话交流，建立一种知识性、社群性与文化性沟通的文化场，体现闪耀着人性光辉的文化精神。2010年以来，我校开设了近20场与民族根文化相关的讲座，具有代表性的有：复旦大学文化遗产研究中心副主任胡志祥教授的《中国饮食文化与青铜器》，复旦大学刘旦初教授的《观察与思考》，南京大学徐信民教授的《关爱·成长·发展》，著名作家、北京大学博导曹文轩教授的《写作与生活》。四是通过环境课程来营造主题文化。我们发挥《校报》《校刊》的思想与文化传播作用，加强对传统经典文化和传统经典文化活动的宣传；建设了校园文化模块，链接了“中国古曲网”“少儿读经网”“国学网”“故乡网”“国学宝典网”“中华古籍网”“中华文史网”“百家讲坛”等经典文化网站；制作音乐课间操，播放“中国古典音乐”“民族经典音乐”，如二胡曲《二泉映月》，古琴曲《广陵散》《高山流水》《梅花三弄》《渔舟唱晚》《平沙落雁》等；精心设计校园“走廊文化”，把校园文化建设同特色建设融为一体，教学楼每个楼层有五块展板，对“四书五经”“二十四

史”及先秦诸子等中国传统文化或文化名人做了广泛介绍。五是通过研究性课程彰显主题文化。创设研究性课程是我国基础教育课程结构的重大突破,标志着我国基础教育的课程价值观及相应的学习方式开始发生根本性的转变。在构建主题文化的过程中,引导学生围绕地方文化自主选择主题,主动探索。主要围绕吴承恩与《西游记》、连云港藤花落遗址、连云港境内吴文化遗存、孔望山佛教摩崖造像、连云港两汉文物集珍、连云港地上的石刻、连云港博物馆馆藏书画、寻踪西游、徐福东渡之传说、古诗咏连云港、船山飞瀑桃花涧、秦皇东巡看秦山、羽山殛鲧千古恨、“东方天书”传古韵、曾国藩与李鸿章的淮盐之争、《儒林外史》折射的盐商原型等,开展了探索工作。通过在这些文化圈中寻找“问题”,组织探究活动,很好地弘扬了地方文化,也提高了学生的自主学习能力。

随着研究的深入,学校在教育教学过程中加强了传统经典文化教育,固“本”培“根”,塑造学生内涵,让学生感受到了中国传统文化深厚的人文底蕴,让学生在经典中陶冶情操,形成了胸怀宽广、庄重沉稳的品质,初步构建了以民族根文化为主要特色的高端校园文化,进而形成了较浓厚的学校特色。一是总结、提炼出具有民族根特色的学校教育哲学,指导了学校的特色发展。通过对学校历史传统的回顾和梳理,思考我校在新的历史条件下的使命、愿景和育人目标,提炼出“普爱·行健”这一内涵深厚的校训和具有深厚民族根文化印记的“厚德、明志、博学、力行”的校风以及“正德、厚生、精业、求是”的教风，塑创了新海高级中学“弘毅、笃学、切问、日新”的学风，用以推进特色学校建设。二是梳理、凝炼出以民族根文化为主旨的“大道普爱”教育思想，对学校的教育做了一个系统的概括总结和深化挖掘。2012 年 11 月西安，在教育部主办的人民教育家论坛上，我就“普爱教育”进行了演讲，获得了全国同行专家的高度评价。三是出版了一系列民族根文化专著。以挖掘整理学校八十年成长历程为内容的《从普爱到新海》目前已出版，《曾巩研究资料汇编》《古典诗词艺术欣赏》《中学生〈弟子规〉导读》《好作文，如何写——高中作文实用教程》《学生优秀作文选》《普爱满校园》《李震讲语文》《经典电影欣赏及影评写作》《中学语文研究性学习探索与实践》《校本选修课程精粹》这些专著，在国内外都享有很高的知名度，而且还被许多省市的兄弟学校选为选修教材。四是开展了丰富多彩的民族根文化实践学习活动。学校组织开展了系列研究性学习活动，引导学生自主选择主题，探求经典文化的新空间；开展了多项特色研究性学习活动，获得了如针对国家级非物质文化遗产“海州五大宫调”开展的研究性学习成果；开展了一系列综合活动，每年都举办课本剧展演、经典诗文诵读、放飞梦想、行健远航毕业典礼等活动；在省市比赛中多次获高等次奖项。五是塑造了具有民族根文化涵养的学生群体。学校成立了学生发展指导中心，培养了一大批人格健全、格调高远、综合素质优良的学生群体，在省市组织的各级各类比赛展示出优异的才能，成绩显著。我校也被确定为江苏省创新人才培养基地。

我把该课题的研究工作作为学校构建校园主题文化、推动普爱教育的机遇与动力。我认为，民族根文化的探讨、研究与实践的过程，正是将普爱精神融入学校管理文化、学校教育文化的过程，既能让学生感受到中国传统文化深厚的人文底蕴，又能让学生在领略经典的同时陶冶情操，形成普世爱人、庄重沉稳的品质。几年来,我一直坚持从物态和精神两个方面培育、集聚学校主题文化精神,从而有效地推动了学校文化力的形成;同时,通过主题文化的长期实践,整合学校的特质文化资源,努力形成主题文化精神,打造特色品牌学校。我主张通过“传统经典文化”建设丰富普爱文化的内涵。围绕这个视点,我把活动课程设计成了“八大系列”:文学经典读书报告系列、文化经典读书报告系列、史学经典读书报告系列、绘画艺术经典读书报告系列、音乐经典读书报告系列、中国经典建筑艺术欣赏系列、中国名山文言游记系列、中国名水文言游记系列。同时,我们还精心设计校园文化景点以及特色“橱窗文化”,加强“外墙文化”“走廊文化”等的建设。这些传统经典文化,进一步丰富了普爱文化建设的内涵,也让学生受到了很好的精神熏陶与濡染。

在课题实施中,我非常重视对自我责任感、家庭责任感、集体责任感、国家责任感以及自然与人类责任感等的教育与落实。例如,我指导高二年级试验开设了“民族根文化”课程,由历史教师、政治教师、语文教师等联合组成“民族根文化”课程开发小组,自我编纂校本教材,将中国传统文化经典融汇到学校课堂教学中,培养学生的民族自豪感,引导学生形成传扬民族文化、建设祖国的责任感与使命感,这一课程深受广大师生及家长的欢迎,成为我校校本课程的亮点之一。下一步,我准备将该课程推广到高一年级和高三年级。

结合学校教育教学实际,我和课题组的核心成员先后在《中国教育学刊》《江苏教育研究》《教育(旬刊)》等主流刊物上发表了系列研究论文,如《主题文化:催生特色高中的文化制高点》《培育主题文化　构建学校特质》《滋养创新品格　引领特色发展》《民族根文化与特色高中构建》《制度文化:人文关怀的阳光投射》《校庆与学校主题文化的构建》等。

在教育部的这个课题的带动下，我校的课题研究之风大行，仅2011年申报的"十二五"教育科学研究规划课题中就有9项在省立项、31项成为市教科所课题、23项成为市教研室课题。

一、江苏省教育科学"十二五"规划立项课题

主持人	课题名称
张　勇	基于地域文化的高中语文研究性学习的研究
李　震	语文生命化课堂理念特征与实践路向之研究
张　政　姜　峰	基于三维目标的苏派物理高效课堂教学模式建构研究
潘佃献	高中地理有效课堂的模块化建构之实验研究
武兴华	思想政治教材中"法理资源"的开发与运用研究
张学兵　王广余	基于高中数学教师专业发展的探究性学习的研究
惠海涛	高中化学课堂问题解决教学中驱动性问题的设计
孙　琦	信息技术课堂生成性课程资源的开发与利用研究

二、连云港市教育科学"十二五"规划立项课题

主持人	课题名称
徐　方	高中理化班数学"少教多学"教学模式实践研究
张先清	高中历史个性化作业设计研究
李春芹	基于生本理念的语文学案教学模式建构的实践探索
付克娜	高中数学课堂教学评价指标体系的研究
杨　杰	马克思哲学视角下的高中物理感性课堂构建
毕海涛	高中物理学史校本课程的开发和应用的研究
窦永兵	省生物课程基地虚拟现实实验室与互动平台的开

	发及应用研究
杨小华	素质教育视域下高中地理课堂教学质量评价研究
马　伟	关怀伦理视野下的幸福班级构建之研究
武兴华	“普爱教育思想”的核心价值与实践路径研究
潘佃献	“三模块”高效地理课堂的理论与实践研究
孟凡兵	连云港美术文化资源在高中美术教学中的开发与应用研究
王晓青	高中语文课堂美读的有效性研究
王新霞	希望哲学指导下的希望班级建构之研究
王友刚	多元文化背景下普通中学动漫社团活动内容取向的研究
王承金　刘世军	基于《教学新时空》的中学物理教研策略研究
张长松	走向生活世界的语文课堂教学特征和策略研究
杨绍崇	语用学视野下高中语文文学话语教学研究
朱曼雯	网络环境下高中语文探究式阅读教学研究
贾佑智	高中语文“低碳课堂”教学研究
苏学章	基于幸福感体验的高中历史教学实践研究
谢　敏	主体间性理论视野中的高中语文课堂教学活动模式研究
王海英	构建主体间性高中化学课堂教学的研究
管开兵　陈　思	课堂“三喻式”行为文化建构初探
李　涛　席　红	高中语文课程资源开发类型和实践策略研究
唐宽义	高中政治研究性课堂的模块化生成研究
钱　宁	有效教学背景下高中数学教学限度的实践研究

董敬宇　　多元智能理论指导下的高中化学个性化教学策略研究

张团思　　“生活—体验—表达”生成性作文教学研究

李小慧　　基于高中生言语发展的文本细读研究

张永庆　　超文本教学模式下的——高中生诗词素养培养研究

课题研究热情的高涨,必然是以科研能力的提升为前提的,这一可喜的现象,让我们看到了普爱教育背后的勃勃生机。

第四节　在实践活动中养成普爱自觉

我一直认为学校就是这样的一个地方:没有活动就没有活力,没有活动就没有让学生展现能力和才华的空间。如何调动学生的积极性让学生乐学向学、乐善向善,可能会有不同的路径,我认为实践活动育人当是其中最为有效的途径。重视不重视活动,有没有丰富的活动,当是判定一个学校有没有生气与活力的一个重要尺度。近年来,我校以“普爱”为主题,开展了一系列形式多样、内容丰富的“普爱”活动,为学生搭建成长平台,让学生展现青春风采,力图通过活动赋予学生普爱的认知,养成普爱自觉。我甚至把学校的经典活动上升到课程的高度,其目的就是强调活动的常规性、必需性和重要意义。

为了更理性更系统地开展活动课程，我把我校的活动课程设置分为四大模块：① 健康促进与发展模块，包括具有学校特色的心理健康课程、体育课选修、体质训练及指导课程；② 品格形成与塑造模块，包括各类群体德育课程；③ 性格的张扬与展示模块，包括体育节、艺术节、科技节、读书节等在内的具有学校特色的课程平台；④ 特长培养与提升模块，包括各类社团课程和兴趣课程。同时，我校注重构建多元化多角度评价体系，保障各类活动课程的正常开展，形成普爱特色的校园文化。

经过多年的实践与积淀，学校已形成了“四大节为主、年级活动为辅”的校园特色活动格局，即校园艺术节、体育节、科技节、读书节，高一年级学生军训、排球比赛，高二年级英语短剧、篮球比赛，高三年级百日励志教育、毕业典礼等。在坚持开展好这些活动的同时，还积极探索校园活动新形式，并在此基础上积极构建“普爱”特色活动体系，让活动能真正深入师生生活，于是后来又开设了“普爱”讲坛（专题报告会），成立“普爱”驿站（心理咨询），设立“普爱”育人奖。在春天开展“普爱·行健”远足，磨志，炼体魄；在秋天开展“普爱”捐助，学关心，献爱心……我们希望学生在“普爱”活动中学会选择、学会探究、学会创造，学会互助，学会奉献，在“普爱”活动中展示才华、发展潜力、享受乐趣。下面是2013级一位同学参加16公里行健远足后的体会。

心灵的旅行

高一(13)班 程奕涵

行健远足，不止是一次身体素质的磨炼，更是一次心灵的旅行。

5月3日，新海高中一年一度传统的远足活动拉开了帷幕。

行政楼前，二十六个班级的彩色班旗随风飘舞，张扬的是我们立志凌云、肆意飞扬的青春。早晨第一缕金色的阳光，指引着我们前进的方向。蓝天下，高一年级的学子们随着一面面蓬勃招展的旗帜，昂首启程。

目标——花果山！

这是一条多么熟稔的路啊！每每经过，总在车窗内匆匆地一瞥。风驰的汽车载着我们，留下的只有自己淡漠而带着风尘的眼光。那时，坐在车中不耐烦地等待红灯的我们可曾想过，有一天要亲自背上行囊，在短短的数秒内疾行而过，在每个十字路

口洒下晶亮的汗珠呢？

直到今天，我们用双足实现了这一次远行。

前进的道路上，我们笑着攀谈，在一个个公交站台旁嬉闹着走过。看着前面的队伍绕成一弯弯洁白的长带，心里满是坚持到底的信念。上山的路很轻快，队伍中班长的一声声呐喊激起了大家奋进的力量。向上，再向上！汗水流下，擦掉就好。迎着阳光，我们走到花果山门前，相机中拍下几张喜悦的脸庞。

然后，大家席地而坐。喝口水，歇歇脚。

那日光多么好啊！照耀着白色校服熠熠发光。那轻风多么好啊！吹拂着额前碎发，洗去方才的疲劳。二十六面班旗在花果山浓厚的绿色幕布上绽放成二十六朵明艳的花。

可这份惬意不能持久。不过半个时辰后，起立，宣誓，便又踏上归程。

下山的步伐却不轻快了。依旧是跟着前面的队伍奔跑，可胃里却如翻江倒海般难受。先前喝的饮料、吃的食物一齐往上涌，酸涩恶心。此时太阳也愈发毒辣，灼烤着我们的皮肤，汗流不止。可队伍不等人啊！于是，我们强忍体内的不适，匆忙喝一口水，咽下将吐未吐的食糜，不顾一切地奔跑。此时若有相机拍录,该是怎样一番情景!

走到716研究所时,我们渐渐熬过了刚才的一番难过。队伍里,有的同学轻声唱起了许嵩的《星座书上》,淡淡的动情的歌声,给了大家一些清凉的安慰。

约莫走了一个半小时,道路上的沙尘弥漫在眼前,吸入那干燥多尘的空气,再加上体力消耗大半,队伍开始涣散了,原来走在前排的女生拖沓着步子虚弱地喘气,每至路口的奔跑也越发力不从心,双肩上的背包已然成了沉重的负累。这时,温馨的一幕出现了:有的男生主动分担了两个女生的背包,有的以拖带的方式拉着疲弱的女生,有的握起拳头为大家鼓劲加油……远足的氛围,此刻变得愈发温暖。是什么,让大家在脚底刺痛、身心俱疲的情况下坚持下去呢?

请看(十三)班队伍的最前端吧——依旧是那面朴实无华的绿色旗帜,此刻轮流在几个先锋手中传递!他们伸直胳膊高举班旗,那飘扬的旗帜格外坚强而富有生机!想要放弃的人,一抬头便能获得鼓舞与希望!

"要坚强!"不知何时大家已习惯了忍耐钻心的酸痛,每个人的心底都响起这样的声音。

终于,那美丽的砖墙远远地映入眼帘。大家长呼一口气,安静地整好队伍,一步一步、坚实地向新海高中的大门——那家一般的地方迈进……

当我们走近校门,看见老师们欣慰的笑容和鼓励的眼神时,我们知道:成功了!负责照相的老师和蔼地笑了:"走得好看一点!"——"咔嚓!"那一幕,定格了全身的汗水,更蕴含了一颗颗韧敏的心灵。

踏进校园,大家舒爽地欢呼一声,用最后的力量爆发般奔向教室。在这条不长的路上,我们的心里早已没有了对酸痛的唏嘘,唯有一个无比骄傲的声音:“我们的心灵,经历了一次行健修远的旅行!”

为了让活动进一步常态化、组织化,学校强化了社团活动的组织。在社团管理过程中,我要求老师一方面做好对社团的管理和监督,另一方面注重对学生、社团和社团干部进行合理的指引。学校和教师以鼓励学生参加社团活动,消除在部分学生——特别是成绩优秀的学生心中社团活动与学习对立的认识,并以令他们意识到参加社团活动有利于他们的全面发展作为管理的目标,专门设立了“江苏省新海高级中学社团管理服务中心”,指导帮助学生的社团建设和发展,定期对学生社团的现状做调查,以便能够掌握第一手数据,更好地组织开展社团工作。对于学生社团目前正缺乏的,如交流的意识、计划性和实效性等,由学工部牵头,不断加强指导和培训,把经验和教训提供给社团借鉴参考,同时鼓励社团不断自主创新。对于硬件方面,学校提供了大力支持,同时确保不出现有的资源被浪费、有的资源被过度使用的现象,发挥资源的最大功用。对于新社团的发展,我主张加大对新成立社团的扶持力度和引导,而不是一味地追求社团的数量。

目前,学校已形成了苍梧文学社、党章学习社团、合唱团、乐器队、摄影和动漫协会、英语社、诗社、朗诵社、辩论队、形体社、街舞社、手工社、话剧社、家政社等百余个社团。我深深感到,作为活动课程的新兴模式,在贯彻新课改理念的课程功能、激发乐于创新的教师的教育热情方面起到了巨大的作用,为学校的素质教育改革提供了一个广阔的平台。

我校在活动课程开展过程中取得了丰富的经验和成果。健康促进与发展模块,促进学生健康快乐成长;品格形成与塑造模块,造就德才兼备的优秀学生;性格的张扬与展示模块,不断完善健全学生的人格;特长培养与提升模块,造就多才多艺的优秀人才。多元化评价则促进了学生的全面发展。可以说,我们遵循新课程改革"一切为了学生的发展"这一核心理念,有效培养了学生鲜明的社会责任感和普爱精神、健全的思想和人格、创新精神和实践能力、终身学习的愿望和素养等。在这一过程中,全校师生真切地感受到了"普爱教育"潜移默化的作用,强化了普爱教育的认同感。下面介绍的普爱党章学习社团成立几年来发展迅速,成果显著,被评为连云港市十佳社团。

普爱党章学习社团简介

植根于我校八十年历史所孕育的普爱文化中诞生的我校普爱党章学习社团,其前身是中学生业余党校,成立于 2009 年 10 月。这一社团是我校众多学生社团百花园中的一支奇葩,她以自身独特的使命和勇于创新的精神,吸引着众多积极追求进步的学生。这一社团的活动宗旨是通过对学员进行马列主义、毛泽东思想和邓小平理论、三个代表重要思想、科学发展观和党章、党的基本路线、党史常识、革命传统以及时事政治等的教育以及通过组织多种形式的社会实践活动,促进学员思想政治素质的内化和提高、理想情操的锤炼与升华,使学员成为积极上进、努力为人民服务的入党积极分子,使学员成为具有共产主义信仰和领袖人才品质的社会主义事业后备力量。该社团尽管只有两年多的办社经历,但已经形成了自身的成功经验和社团特色。

党章学习社团组织严密、管理科学。

社团的组织和管理是搞好社团工作的最基本要素,对于中学生社团而言,由于学生缺乏接触生活、接触社会的实践经验,就更需要加强对社团的管理与指导。我校在指导普爱党章学生学习社团中,做到了组织严密、管理科学。

运行机制的协调性。

我校普爱党章学习社团是在学校党委直接指导下开展活动的学生社团组织,在具体工作落实方面,由班主任、班级团支部、年级党支部、学校团委共同参与,分工明确、职责清晰,并且三个年级党支部在校党委的统一指导下,各方面工作配合默契。每期社团活动都得到了学校党委的高度关注。从拟定社团章程到社团具体规章制度,从社团的思想指导到社团活动的具体安排,从社团成员名单的选拔确定到结业考核,从校内的专题讲座到校外的参观考察,学校党委都进行了全程跟踪和具体指导。社团指导教师由学校党委研究确定,主要聘请校外理论专家、具有资深党务工作经验的校党委委员和基层党支部委员担任,在每期活动的开营仪式和结业仪式上党委领导都会派员出席并做重要讲话。学校较高规格的党员活动室是相对固定的社团活动场所,能容纳百余人。学校党委将学生通过本社团的培训结业作为学生加入党组织的必经过程和必要条件之一。应该说,学校党委的高度关注和悉心指导,成为我校普爱党章学习社团活动内容充实、活动有序、成效显著的重要保证。

社员选拔的规范性。

申请加入普爱党章学习社团的学生很多,但必须经过严格选拔方可成为该社团成员。加入本社团的条件主要有:必须是思想上积极追求进步,申请加入中国共产党,立志为建设有中国特色社会主义现代化而奋斗的优秀学生,必须是在班级、学校集体活动中起模范带头作用的学生骨干,必须是热爱学习、成绩优异的学习标兵。在选拔程序上,则坚持班主任、党员教师和班级团支部联合推荐,经年级党支部和学校团委联合考察,并报请校党委批准后方可确认。应该说,在本社团历经两年所开办的三期活动中,学生干部和综合素质高的普通学生是普爱党章学习社团成员的主体,这也在很大程度上保证了社团每期活动的质量和效益。

社团管理的严肃性。

严格的社团管理是社团活动得以有效开展的基本保证。我校普爱党章学习社团素以管理严格为传统,坚持制度化、规范化管理。在整个社团活动的具体操作过程中,以社团章程为依据,建立了一整套的规章制度,即学员资格审查审批制度、学员学习登记和考勤制度、学员结业考核制度等。两次未能参加社团活动或未能完成社团活动任务、未能在考核或考试中合格的学员不得结业。此外，对于教员的工作也做出了相应规定，要求教员的专题讲座、辅导报告事前要做充分准备并有详实教案，社团指导和实践活动委有专门主题和具体规范性要求。在业已走过的三期历程中，由于规范化的社团管理，每期都圆满地实现了社团活动的预定目标。

活动程序的完整性。

普爱党章学习社团对于社团的每项活动，都能制订详实的活动计划和具体的活动方案，做到有计划、有布置、有检查，力求将每项工作落实到位，使每项活动都能真正起到教育学生、培养学生、塑造学生的良好成效；对于每期社团活动，尽管时间长、项目多，但从不因为这样或那样的特殊情况而不了了之，坚持做到善始善终，从不虎头蛇尾，从社团每期的第一项活动——开营仪式，到社团活动的多项主体内容，再到社团的最后一项活动——结业仪式，都能在上规格、上水平的前提下有条不紊地进行。

结业考核的综合性。

注重对学员的考核是我校普爱党章学习社团提高活动质量的又一重要举措。在学员考核中，坚持把党章和党的基础理论知识闭卷考试与学生社会实践调查报告评选相结合，坚持把平时遵守纪律、出勤情况和完成平时社团布置任务情况相结合，学员在综合考核达标的前提下方可获得结业证书。社团还根据学员的平时表现及考核结果评选出优秀学员，考试、考勤不合格的学员则不得结业。

社团活动的连续性。

社团活动的连续性是直接衡量社团是否具有生命力的重要标志。我校普爱党章学习社团的学员尽管是来自于三个年级的不同层次的学生,尽管三个年级在教学、管理方面有着一定的差异,但这些因素并不会导致社团活动的停滞或中断。自 2009 年开办第一期以来,我们始终坚持每学年开办一期,至今已经完成了四期培训任务,共培训学员近四百人,现第五期学生普爱党章学习社团活动正在进行之中。本社团的活动之所以能保持连续性,就在于我们有着学校党委的高度重视,有着较为完整的管理制度体系,有着相对稳定的高素质指导教师队伍,有着大批积极向党组织靠拢的学生群体,有着不断总结提高的办社经验。我们相信,随着本社团实践的深入,在保持连续性的基础上,本社团一定会办得更加富有特色、富有朝气。

党章学习社团活动内容丰富、形式创新。

社团的开办能否具有特色和富有生命力,关键在于其活动内容是否丰富、活动形式是否新颖。我们组织普爱党章学习社团,始终坚持以内容丰富求实效、以形式创新求发展为重要原则,注重学习内容的拓宽加深,以切实使社团成员在学习中提升思想素质;注重学习形式的不断创新,以切实使社团成员在形式多样的活动中有更多的体验和锻炼。

丰富教育内容。

由于普爱党章学习社团的特殊培养目的以及学生群体的优秀,我们在拟定社团活动内容方面,做到以提升学生政治思想素质教育为重点,强化思想政治素养教育。在每期活动中,通过突出党章内容的学习，提升学员对党的性质和宗旨的理解；通过重视党和国家现行改革发展政策的学习，加深学生对于党的方针政策的强烈的认同感；通过对国内外热点时事问题的学习研讨，培养学生关注国内外大事的品格、关注政治的热情，从而拓宽学生的视野；通过参加连云港市党史专题讲座并组织学员参观革命历史博物馆和抗日山烈士纪念馆，深化对学生的历史教育和革命传统教育；通过组织学生参观连云港市发展规划展览馆，培养学生热爱家乡、立志建设港城的热情；通过科学发展观等专题讲座，使学员在强化理解的基础上，结合自身实际，更好地科学规划人生和发展人生；通过组织学生进行小组或个体的实践调查，培养学生接触社会实际、尊重劳动人民的感情；通过组织学生参观校史馆，培养学生热爱母校的情感。总之，我们在思想教育内容上，坚持做到“五个结合”，即坚持历史革命传统教育与现实时事政策教育相结合；世情教育与国情教育相结合；坚定的政治信仰教育与求真务实精神教育相结合；爱党、爱国教育与爱乡、爱校教育相结合；社会责任感教育与学生个人成长教育相结合。

创新活动形式。

根据社团教育内容的需要，我们力求在活动形式上有所创新、有所突破，逐步改变了其前身中学生业余党校的课堂教学辅导讲座的较为单一的结构模式，形成了多种形式相结合的立体多维的活动模式。即坚持校内活动与校外活动相结合，特别注重校外活动的有效组织，让社团成员走出校门、走上社会，拓宽教育渠道和充分利用社会教育资源；坚持理论学习与实践活动相结合，特别注重实践活动的有效组织，在每期社团活动中，我们都组织了本社团成员参观抗日山革命烈士观念馆、连云港市发展规划展览馆、市博物馆，组织社团成员亲近全国道德模范班组——连云港汽车站的雷锋车组，近距离感受和深度领会新时代的雷锋精神，并利用寒假、暑假时间，组织学生进行主题社会调查访问，指导学生撰写调查报告，让学生在走近社区、走进工厂、走进农村的实践活动中增进对先进共产党员形象的认知，增进对劳动群众的感情，锻炼社会实践能力；坚持集体辅导与分散学习活动相结合，特别注重分散学习的跟踪指导和成果检查，力求使学员形成自觉加强理论学习、自觉探究社会问题的良好习惯，培养学生自我管理、自我教育、自我提升的能力。

党章学习社团的教育效果显著、影响广泛。

伴随着新一轮课程改革的脚步，我校的普爱党章学习社团在实践中不断走向成熟，在创新中不断实现发展，已经取得了初步成效。

丰富了校园文化。

社团活动是校园文化建设的重要载体。我校学生普爱党章学习社团与其他众多社团的活动开展，增加了校园文化的生机和活力。普爱党章学习社团所开展的各项活动，传承我校八十年办学凝炼而成的普爱传统文化，围绕着热爱中国共产党、热爱祖国、热爱人民、热爱家乡而展开的社团活动，培植了学生对党和祖国的感情，强化了学员对劳动群众的理解和尊重。同时，社团活动也促进了学校新一轮的课程改革。

提升了学员素质。

通过社团活动的有序开展，学生综合素质有明显提升。在政治信仰方面，通过党史教育、党章学习，学生进一步理解了中国共产党的性质、宗旨、指导思想，特别是中国共产党在领导中国人民建设有中国特色社会主义现代化建设中的领导核心作用，使学员更加坚信，只有中国共产党才能发展中国，在理论认知提高的基础上，深化了学员对党的感情，坚定了学员对于加入中国共产党的决心；在道德素养方面，通过社团严明的纪律规范和系列活动，强化了学员的纪律观念、集体观念、劳动观念；在知识拓展方面，通过专题讲座等活动，培养了学生自我追求知识的习惯，拓宽了学生视野，开阔了学生眼界；在实践能力方面，通过专题调查活动，提升了学生的社会实践水平和创新意识。

在对学员的跟踪管理中，我们发现，普爱党章学习社团成员在学校、班级的集体活动中，充分彰显出浓厚的参与意识，如第二期学员谢明睿、第三期学员阮子涵、宫玥汝三名同学积极申请参加省青奥知识竞赛，在市赛中荣获冠军，代表连云港参加省赛荣获优胜奖。更多学员参加了爱党征文等活动。通过前三期的社团培训学习，共培养学员近三百名，广大学员在班级中模范作

用更加突出,他们不仅热爱学习、成绩优秀,更为可贵的是大都成为班主任工作的得力助手,成为其他同学的榜样,带动着更多的同学共同进步和提高。

强化了社会影响。

我校普爱党章学习社团富有成效的活动开展,不仅在校内有着较好的影响,而且也得到了社会的认同。在校内,社团活动的规范性、有序性,特别是其培训成果,得到了学校领导和老师的一致肯定。普爱党章学习社团在广大学生中产生了积极影响,很多同学都能以参加普爱党章社团学习活动为重要价值追求。在校外,通过校外各种实践活动的开展,社会上的相关部门和群众深化了对于新海高中教育教学成果的认识;特别是社团成员高素质的行为表现,更加彰显了新中学子良好的道德风貌。

第五节　在文化建设中践行普爱追求

在办学实践中,我深深地认识到,一个没有主题文化的学校,一定是一个缺少个性魅力的学校,也必将是一个没有前途的学校。因为如果没有了主题文化的支撑,学校就会失去精神指向,就会迷失了前进的目标。学校有了主题文化,就有了生命的底色,就有了教育神韵的凝聚。正是基于这一认识,我便想通过研究校史,挖掘校园文化主题来增强师生的吸引力和凝聚力,促进学生人格的完善,而在研究校史过程中最重要的收获就是挖掘继承了“普爱”的主题,因此新海的校园文化建设都是紧紧围绕“普爱”这个主题开展的。

在普爱主题文化构建过程中,我做的第一件事就是在校园环境建设上下足功夫,力图将普爱教育渗透到学生生活的点滴中去,精心设计校园景点文化以及特色“橱窗文化”，加强外墙文化建设和走廊文化建设等，使学生受到精神的濡染和文化的熏陶，在潜移默化中不断完善高尚的人格。

学校综合楼正面在建筑的时候留有四块大板面，制成了一组浮雕，气势恢弘，寓意深远。自西向东分别是：《路漫漫其修远兮》表现了中华文明的源远流长、博大精深；《吾将上下而求索》表现了莘莘学子循着先人的足迹，刻苦钻研，勤奋学习；《春华秋实》表现了现代科技的蓬勃发展及取得的巨大成果；《青春华彩》表现了现代中学生朝气蓬勃的生活。

我们的校园分区明显，最西边为生态种植区，在生态种植区南部，我们修建了人工岛和环形水系，安装了具有中国传统特色的水车与风车。夏季，睡莲清圆，荷香沁心，锦鲤闲游，恬静之意顿生。北面为学生实验种植区，果蔬瓜豆，物丰样全，学生在这里不仅开阔了眼界，学习到了平时学不到的知识，也培养了亲近自然的情趣和热爱劳动的好习惯，这里成了学生真正的开心农场。秋天，瓜果成熟，尝一尝自己亲自种出来的黄瓜、西红柿，他们别提有多高兴了。种植区边上，我们设立了农耕文化展示区，收集了较为齐全的传统农具，展览出来，供学生参观，让他们了解我们传统农业的发展过程。这里展示的农耕文化，丰富了民族根文化的内涵，成为我校普爱文化的重要组成部分。

种植区东边是生活休闲区，我们建造了木亭、曲桥、水榭、紫藤回廊，让学生在繁忙的学习之余有一个清静的去处。两幢宿舍之间是梅园，冬末春初，凌冬斗寒，蜡梅绽放，花海壮观，药香扑鼻；综合楼前，灌木常绿，青翠爽目，是为思园。高三楼侧，青竹悠悠，刚劲峭拔，每至高考正是秀竹拔节劲长之时，学如春笋，茁长竞出，直傲云天，是为逐云园。

教学区由三幢独立的教学楼组成，由求知广场平台通道相互勾连，平台两侧种植马尾松盆景，盆景底座上都选择传统文化的至理名言镶嵌，使松树的气节与民族的文化相互辉映。三幢教学楼，高一楼命名为凌云、高二为修远、高三为登高。意在告诉每一位新中学子进门要立凌云之志，学习要行修远之路，最后方能入登高之境。三幢楼各有长联一副，激励学子全面发展努力进取。高一凌云楼上的长联是："志存凌云，躬知躬行，心如天地广；品必端方，惟实惟是，毅若日月恒。"高二修远楼上的是："修则能成，齐贤厚德，大化扬仁风；远亦可达，勖志行健，星斗焕文章。"高三登高楼上的是："自强不息，潜心治学，今朝拼搏路；厚德载物，登高望远，明日栋梁材。"这让紧张的学习环境中有着浓厚的文化气息，引导着学生全面而健康地发展。

三幢教学楼中间是求知广场，在一面墙上，我们借八十年校庆之际，由校友出资设计捐建了校史浮雕墙，完整地展现了从普爱创建到新海腾飞的八十年发展历程。另一面墙上，我们把原老校区校友们为学校捐建的校友桥照片及当时兴建校友桥的铭文镌刻上墙，提醒在校的每一位学生不忘前贤、努力进取，又把校庆时知名校友嘉宾的题词一并镌刻展示，形成了一道意蕴深厚的文化墙。每届新生进校，我们都要组织学生进行参观讲解，让他们了解校史，感受普爱文化。教学楼内，每间教室外墙上都张贴有精选的文化系列宣传内容，如中国传统文化二十四孝、名家劝学教育系列、中华五千年文明教育系列、中国文化与自然遗产系列、中国传统美德教育系列、国学经典教育系列、国粹艺术欣赏系列、中国绘画艺术欣赏系列等。在潜移默化中，学生感受到经典文化的魅力，并陶冶了审美情操。

此外，我们还注重班旗的设计和班级形象的宣传，以增强班级的凝聚力，在这些文化内涵深厚的校园主题文化的浸润中，学生们领悟汲取着传统文化中大爱、博爱、普爱的真谛，不断提升道德水平，发展健全人格。

在主题文化构建过程中，我们还要求学生要有关爱他人的精神、感恩图报的品质、积极崇高的理想、心存天下的豪情，以践行普爱教育的追求。为了培育新型学校主题文化，我坚持以活动为载体，努力提高德育工作的实效性，使德育成为提高学生素养、健全学生人格的突破口和增长点。定期开展“养成教育、实践教育、心理教育、读书教育、法制教育、感恩教育”等教育活动；组织全体师生集体收看“中国骄傲、全国十大孝老爱亲模范”等主流媒体介绍的先进人物事迹；利用端午节、中秋节、国庆节等传统节日进行国旗下专题教育；定期开办党校、团校学习班，对学生进行品德教育、规范教育、纪律教育等，提升学生的自觉意识和表率作用；每星期定时召开主题班会，充分发挥教师在德育工作中的作用，加强学生常规教育；以八十年校史和光荣传统为鲜活教材，帮助学生领悟校训、校风和学校精神；通过唱校歌、参观校史馆等活动增强学生对学校的认同感、归属感和自豪感，培养、巩固学生的爱校荣校情怀。面向所有师生开设“普爱讲坛”，至今已举办了二十余期。“热爱海洋，保护环境”“中国饮食文化与青铜器”“观察与思考”“我的人生我做主”“读懂学生的心”“与压力共舞”“科学护齿幸福一生”等“普爱讲坛”，关注师生德育的每个细节，从传统文化、教育艺术、生活学习等各个角度入手，为大家的人生前行做好指引和导航。通过大力开展形式多样的主题文化活动，教会师生践行普爱的追求，领悟普爱的哲学，学会爱自己，爱他人，爱社会，爱国家。

第五章

教育成效:在普爱的阳光下成长

普爱是我校教育的源头,普爱的传统绵延八十年,普爱的教育也结出了丰硕的果实。作为一所优质高中,新海对全市的影响是巨大的,尤其在市区,许多人家几辈都是新海人,他们不断传承着普爱的精神,发扬光大着普爱的传统。就近几年而言,在我进一步挖掘了普爱教育思想之后,普爱教育在师生间、在校内外、在社区中越来越显现出非凡的影响力。

第一节　推动了教师的成长提升

我曾在《对教师职业幸福感的思考》一文中谈及教师的幸福感。我认为教师的倦怠感不仅来源于外界给予的升学率的压力,更来源于自身的平庸和成就感的缺乏。所以我认为在办学过程中,给教师机会,引导教师快速成长,使一批教师能脱颖而出也正是普爱的重要体现;教师的快速成长也是普爱精神贯彻落实的保证。

一、我把教师的私事当公事办

学校管理树立为人的发展服务的思想,就应从广大教职工的利益出发,去维护好他们的权利和义务,解决他们心头上的顾虑和疑惑,努力给他们提供宽松、愉悦、和谐的工作环境。在实际工作中,我不说空话,多做实事,非常真诚地对待教师,常常深入办公室、教室中和教师交流,真心关心教师的工作生活,努力使教师心情舒畅地工作。我常说的一句话是,“我们要把教师的私事当公事来办,这样教师就会把学校的公事当私事来做”。几年中,教师有困难找到学校,如子女上学、家属找工作等,我们都尽力去帮助解决,以解除教师的后顾之忧。引导教师树立教师的职业理想和幸福观,就是要努力让教师拥有一种久存于心中的具有高尚情结的快乐。

每一年都会有一批刚毕业的大学生进入我校工作。他们有着满腔的工作热情,一心扑在班级管理、课堂教学和作业批改上。他们很投入地工作,却往往很少有时间去处理自己的事务,比如谈恋爱、帮对象找工作、成家买房子等等。每年我都会让工会尽可能详细地了解青年教师的情况,寻找各种渠道帮助他们解决相关问题。这既是成人之美的好事善事,又是提高学校工作效率的功利之事。每解决一位青年教师的困难,我和我的小同事及我的学校收获的不仅仅是那点点的利益,更是人与人之间的信任和持久的工作热情。

小顾老师是2004年分配到我校的青年教师,他工作认真主动,管理得法到位,成绩突出,是各年级争抢的得力干将。2007年,有一段时间他总是精神不振,心事重重。在巡视中我发现了他不在状态的情形,便暗中了解情况,原来是他的女朋友读完了研究生课程顺利毕业,因成绩优秀,多家高校有意聘用,而一旦她在外地入编,两人就形成了异地恋的情形。爱情能否延续,顾老师要不要调出去,这些都是值得考虑的问题。事情的发生总是有它的缘由的,我了解到了顾老师的这一情形,解开了这个谜团,就马上思忖对策:这样的优秀教师我们必须留下来,而留人先留心,若不及时解决这个眼前的问题,怎么能留住他的心呢?而顾老师作为一名刚毕业的青年老师,哪里有什么门路和熟人为自己的女朋友找工作呢?于是我想方设法与本地高校联系,把顾老师的私事当作我们学校的大事来处理应对,最终顾老师的女朋友顺利进入了淮海工学院——我市的一所本科院校。如今顾老师的孩子已3岁了,顾老师连续好几年任教高三,而且成绩突出。他的爱人在淮海工学院工作认真,成绩很出色。

我还提醒工会和团委,定期组织单身青年教师与医院、科研院所开展联谊活动,成功地为他们找到了另一半,使他们工作更安心,态度更认真,成绩更突出。有人说:你傻呀,你管得真宽。是的,我管得宽,但是我喜欢,我的同仁们更喜欢,这样一石三鸟的事,不管才真的傻呢。

二、我给教师“加压”

对教师的爱,只是物质上的给予和情感上的关怀是远远不够的,这就是人们常说的“授人以鱼不如授人以渔”的道理吧,所以我很看重教师的专业发展与成长。教师的专业发展既关乎学校的发展也关乎教师切身的利益,教师的专业水平不高就不可能让我们的学生享受到最优质的教育,善爱也就成为一句空话;教师自身得不到发展,教师的前途必然也会受到影响。为了促进学校的可持续发展,整体提升师资队伍素质,学校修订了《江苏省新海高级中学师资队伍发展规划》《江苏省新海高级中学教师队伍培训计划》《江苏省新海高级中学教研组长工作职责》《江苏省新海高级中学备课组长工作职责》《江苏省新海高级中学优秀备课组评比方案》《江苏省新海高级中学优秀教研组评比方案》《江苏省新海高级中学优秀年级学科教研组量化细则》,切实促进了教研组、备课组的建设,使得他们在教学和科研方面都有了较大提高。在教研组与备课组合并成立年级学科教研组之后,又强化了对年级学科教研组的评估。2007年学校成立学术部和校学术委员会之后,又制定了《江苏省新海高级中学学术部工作职责》《江苏省新海高级中学学术委员会工作职责管理条例》,以强化学术部的岗位职责和学术规范。教代会修订并通过了《江苏省新海高级中学教科研成果奖励实施办法》《江苏省新海高级中学关于教师完成年度教科研任务的规定》《新海高级中学教科研课题经费管理办法》，提高了全体教师的教科研参与意识，促进了全校教科研工作的开展。为开展校本课程研发，学校制定了《江苏省新海高级中学校本课程开发与实施方案》《江苏省新海高级中学校本课程管理细则》，加强了对校本课程的开发、研究和管理工作。没有压力就没有动力，我就是以这样的方式表达着普爱的情怀。

我深知，人之初，性本懒，每个人都有他的惰性，适当的外部压力能把一部分有潜力的教师"压"出来，使外力转化为内部的动力，从而使教师的专业发展驶上快车道。为此，我在学校先是成立教研处，后组建了学术部，成立了学术委员会，定期召开教研沙龙，把中青年教师组织起来相互交流教研的心得体会，收到了很好的效果。比如我们学校的语文老师李老师就在沙龙上以"把握教学活动中的无限'文机'"为题给在座的青年教师讲了这样一段亲身体会：

> 近两年我在《中学语文教学》等知名刊物上发表了十余篇教学论文，我最大的一个感受就是，写论文要和教学工作紧密相连，犹如市场蕴含着无限的商机一样，教学活动蕴含着无限的"文机"。
>
> 首先，论题来源于教学实践。要善于从实际的教育教学工作中发现问题、提出问题。我在《中学语文教学》上发表的《摭谈逆伦理称谓》就是在教学《欧也妮·葛朗台》一文时受到启发的。学生对葛朗台称呼自己的妻子为"妈妈""小妈妈"爆笑不已，但这个不符合伦理的称谓却很有表现力，然后，我联想到了《红楼梦》里贾母称贾宝玉为小祖宗以及称年轻人为姑奶奶、少爷等现象，论证了这些称谓的性质以及表达效果，成为一篇

论文。

在学习文言文的时候,我经常会让学生完成翻译性的作业。我发现每当遇到有修辞手法的时候,学生的翻译就会变形走样,尤其是对借代这种修辞手法,学生常不知所措。于是针对这个现象,我查阅了一些古文翻译的书籍,结合自己的理解,写成了《文言翻译如何处理修辞方法》一文(发表于《考试报》)。

其次,要善于对文本(或是教材)做创造性阅读理解。在教学《阿Q正传》中阿Q到静修庵偷萝卜这一情节时,我就想,如果那条黑狗追上了阿Q,那阿Q将会怎么样呢?接下来我把阿Q同黑狗开战的章节再进行细细揣摩,发现鲁迅先生对黑狗这个形象的安排是很有深意的,黑狗很“肥大”足以说明它的食物之富足,无论如何这是阿Q无法相比的,更不要说与狗的主人相比了。若说狗的主人是赵太爷之类人物,那也不足为怪,然而偏偏又是“以慈悲为怀”的出家人,而且又是通常被认为比男人更有同情心的女人,而竟至于连一顿饭都吝于施舍。老尼姑大概没想到要对阿Q施舍,说明她心中未必尚存善念,因为口中不停念佛的老尼姑并没有阻止黑狗对着阿Q逞凶。而一贯在前门的黑狗却很“适时”地来到了后院并非巧合,这当然是小尼姑的“杰作”。小尼姑曾深受阿Q侮辱,此时自然不敢上前阻止他,那么黑狗自然就成了最好的助手了。

连吃斋饭念佛经的尼姑都善念消尽,阿Q还能指望其他人吗?无怪乎连吴妈都对他的死无动于衷了。这也正是鲁迅先生匠心独运之处吧!

思考之后,我就写了《阿Q之与黑狗》这篇论文(发表于《语文报》)。

在教学《祝福》时,我对祥林嫂的家世产生了联想,我想,兄弟是未必有,而父母却是铁定有的,然而从卫家到贺家坳,死了两个丈夫,失去了年幼的儿子阿毛,失去了两个“家”的祥林嫂却没有回到自己的娘家。无论是祥林嫂死了当家人,被卖还是逃出去做短工,都不见有娘家人来照应一下,抑或父母已经不在人世?或许是因为“嫁出去的女儿如泼出去的水”的缘故?不管是哪一种情况,都足以表明祥林嫂的不幸。

无论如何,祥林嫂在这个人间已经遍尝了炎凉与苦楚,只能毫无选择地向往她灵魂的天堂,那个或许还可以见到自己死去的丈夫和儿子——几乎所有人都畏惧和厌恶的地方——地狱。“‘我正要问你一件事——’她那没有神采的眼睛突然发光了。”在地狱中,虽然自己要被锯成两半,但死鬼丈夫是不会嫌弃她的,儿子阿毛还会叫她——“妈妈”,那里才是她真正的灵魂的归宿,精神的家园!这样我就以“精神的家园”为题写了一篇论文,发表在《语文教学之友》上。

第三,善于捕捉教学过程中的细微灵感。有一节课上,我随便说了句歇后语“丈二的和尚——摸不着头脑”,这时,有一位同学随口说道,丈二的和尚,那得有多高啊!我当时心里就咯噔一下,这个歇后语的前提显然是不符合事实逻辑的,但它的表现力却是那么强,于是,我想到了成语、俗语、诗歌等范畴内这种无理的或是非理性的语言现象,并着手探索这种现象的成因以及意义,很快写成了《非理性语言的美学价值》,不到一个月,就在《中学语文》杂志上刊发了,但我觉得还不满足,于是进一步思索小说、戏剧等文学领域的非理性现象，写成了《非理性语文阈的美学价值》（发表在《现代语文》杂志上）。

第四，要发扬"短平快"的写作风格。要快速成文，并快速邮发。耽搁一段时间，就会失去写作激情，写好并修改无误后要立即寄发，因为过一段时间往往会对自己没信心，会考虑过多，反而失去机会。而且，还有可能被别人抢先。比如教学通感手法时，我就想过"火辣辣、热乎乎、甜丝丝"等通感现象，但没有去写，后来在一本杂志上看到了一篇观点和我非常相似的文章，非常后悔没有及时动手写出来。

第五，选题要坚持题目宁小勿大的原则，这是取得成功的重要且基本的前提。当然不是说不写大题目。选择一个恰如其分的小题目去写教学论文，方向就会看得准确，问题可以说得深刻，结论可能下得透彻。对象选择要就近避远。就教学研究论文的探讨对象而言，应当就近避远，由近及远，切不可舍近求远。探索要由浅入深。对教育研究或问题探索的程度，当然是越深入越能显出水平，做出来的越是好文章。然而，饭要一口一口吃，路是一步一步走。深从浅中始，有浅才有深。

第六，紧贴高考。人往往是很功利的，但这又是无可厚非的。我的那篇《摭谈逆伦理称谓》，开头第一句话，我就说逆伦理称谓属于语言得体的范畴，直接同高考挂钩，这样就很有可能引起编辑的兴趣。

第七，努力避免"马后炮"现象。很多人在教学完一篇文章之后，会产生新颖的或是更深刻的认识和理解，但这个时候写成的论文却失去了时效性，不能和教学进度同步或略早于教学进度,因而发表比较困难。所以,应该早做准备,提前研习文本,把自己的观点表达出来。

最后,要多看看别人的文章,看别人论文的写法以及选题热点,对自己很可能有启发,会触动自己的灵感。别人写了《成语中活用的现象》,我就可以写《成语中的修辞现象》或者是《俗语中的活用现象》;别人写《女性服饰文化》,我就去写《男性服饰文化》,如此等等。

总之,要做个有心之人,要多长一只眼睛,用它来观察教学中的现象;多长一个心眼,用它来思考教学中的规律。

除了定期开展教研沙龙等活动外,我们还组织骨干教师开展教学示范活动,组织名特优教师进行同课异构活动,促进教师专业素养的提高。这些有计划开展的各类教学观摩活动为研讨教学方法、提高全体老师的教学水平提供了载体和平台。我校不仅每周开设学科组内的公开课,而且每学期还依据实际开设骨干教师示范课、获奖教师展示课、专题教学研讨课等,在全校范围内为教师提供学习研讨的范本,这些做法促进了执教者的提高,带动了听课人的进步,使榜样的力量、示范的作用真切而可感,务实而高效。与教学展示同时开展的还有优秀备课笔记、优秀作业展评活动。备课、作业是教学常规的重要组成部分，也是关系教学绩效的重要环节。为了给青年教师提供一个良好的备课范式，我们首先要求工作五年以上的老教师对新教师公开课堂，公开备课笔记。利用常规检查的机会评比出优秀备课笔记，举办备课笔记展览，通过这种全校性的示范交流，让新教师以优秀的作品为标杆来衡量并要求自己。

利用多元评价促进教师专业素养的提高，也是我们关心专业发展的普爱教育重要成果。我们根据学校职代会通过的教师考评条例，每学年每学期都对每一位教师进行阶段性评价。比如为促进教师的自我学习与提高，学校规定每位教师每学期必须读一本教育理论著作，独立承担或参与一项课题研究，上一堂反映新课程理念的研讨课，编制一份体现新课程理念的试卷，制作一个多媒体课件，发表一篇教育教学论文。学校的这“六个一”要求为教师的全面发展提供了一个外在的动力，促进了教师的快速发展。此外，学校还进行组内互评促教。我们根据学期不同阶段的教学实际，有针对性地开展教法研讨与评价、典型课例分析与评价、教学经验交流、读书体会交流、命题研究与评价等专项活动，力求使组内的互评活动既丰富多样，又有很强的针对性。为使互评落在实处，我们制定了评价细则及评价指标，使评价工作可操作性强，被评者能化繁为简，理出头绪，从而有针对性地加以改进和提高。比如每次公开课后，备课组都会利用集体备课的时间进行热烈的讨论，先由执教者进行自评，然后备课组同行会形成书面评价材料与执教者进行交流。当然，教学情况如何关键是要看学生获得的效果，多元评价中学生评价促教是相当重要的内容。教师的教学效果最终落在学生的身上，来自学生的评价将更有助于教师对教学水平的提高。我们每学期都安排学生评教工作，给出评价的细目，让学生不受干扰地自主发表意见，或独立网上操作，或利用机读卡填涂代码,从而确保了学生评教的信度。

在这样的浓厚氛围中,教师们相互影响,相互激励,互相切磋,无论是教学技艺还是教研水平都有长足的进步。如在教研沙龙开办一年之后的2006年度,连云港市"五四杯"论文评比我校共报评25篇,最终取得一等奖6篇、二等奖5篇、三等奖2篇的优异成绩,名列全市四星高中第一;在连云港市教育学会组织的教科研优秀论文评比中,我校共报评23篇,最终有5篇获一等奖,7篇获二等奖,7篇获三等奖;省"五四杯"论文评比中,我校获得一等奖1篇,二等奖1篇,三等奖1篇;在江苏省"师陶杯"教育科研论文评比中,我校最终获得一等奖1篇、二等奖3篇、三等奖5篇。

自2006年之后,每年我校都有两百多篇论文在正式刊物上发表,有十余篇论文在核心期刊上发表。在市举办的基本功大赛中,我校每年都有十人左右获得市一等奖。几年来,通过参加省、市教学竞赛,一大批骨干教师脱颖而出,有的还成长为省内外的名师。

三、让墙内的花首先在墙内香

教师的成长离不开专家引领,专家引领是指在校本培训活动中有专业的研究人员以指导者、帮助者的身份参与其中。专家学者以其开阔的视野、前瞻的理念、渊博的学识、科学的方法引领教师的专业发展。我校教师在与专家学者的共同活动中感受到了理性与智慧的碰撞。我们充分利用省、市教育主管部门组织的专家讲座培训机会,重点安排中青年老师参加。相对而言,青年教师走出去的机会总是有限的,为了让更多的教师受益,我就采用请进来的办法,外请有关专家来校就新课程的实施等热点、难点问题和教育教学实践及科研中的实际问题为教师做讲座,授业解惑。这些学科带头人、特级教师通过示范课和课例分析等引导广大青年教师逐步走入新课程,体验新课程,进而渐入佳境,把新课程的理念注入自己的课堂教学中。

有句话叫“墙内开花墙外香”,用来形容我们对待当前的一些本土教育专家的态度很形象。当前学校都非常注重教师培训,于是要到外面聘请专家来讲学。确实,当前通过专家的引领可以较为有效地使一些教师成长起来,我们也经常约请校外专家来我校举办讲座,我也发现,我们校内一些有专长的老师经常受邀外出开讲座、做报告。为什么我们不利用身边的资源呢?不要忘了,墙内花开也芬芳。用好身边的专家,让他们与青年教师互帮互助,更能把提高教师专业素质落到实处。

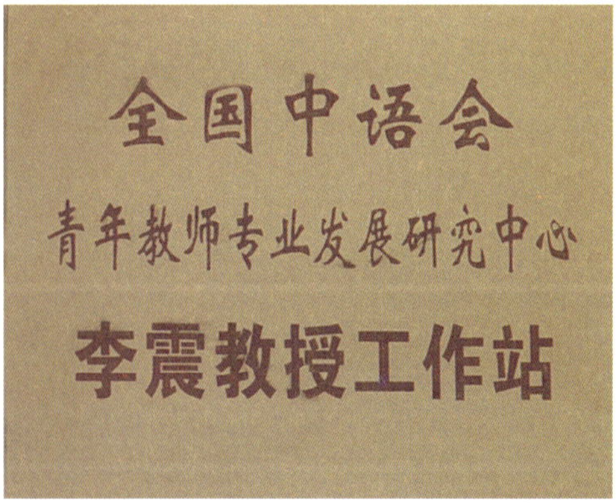

与自己同呼吸、共成长的身边榜样的影响力量会更为直接,更为强大,更具冲击力和感染力。为了强化身边榜样的引领和传递作用,我坚持开展“年度感动新中人物”评选活动。在2011年度感动新中的十大人物中,一位儒雅的学者吸引了所有人的目光,他就是尽情释放生命张力的李震教授。在学生的心目中他是一位慈爱的老师,在同事的眼中他是一位博学的长者。李震教授从教四十年,凭着勤奋和执着,在教育阵线上,默默奉献,辛勤耕耘。作为一名全国知名的特级教师和教授级高级教师,他的学术成就令人瞩目。他的研究成果不仅显示了扎实的学术功底,更引导了一大批年轻教师从事教育教学研究工作,为后学们指引了前进的方向。他的许多重大课题研究,获得了国家、省市各级单位的肯定和表彰,在我校留下了深深的印记,为教育事业做出了很大的贡献。从校级领导岗位退居二线后,本该安享晚年的他,却不辞辛劳,更加勤奋地投身到教育教学研究中,为学校的高位发展献策献力,对年轻教师的培养不遗余力。他用自己对教育事业的执着,树立了一个令人感动的教师榜样。如李震教授般默默燃烧着生命、照亮每一个角落的老师们让我们找到了生命奋斗的坐标,校园里那些学生身上永远闪耀着的普爱的火光也让我们心生敬意。那一年我们给李震老师的颁奖词是:

斗室之中,坐稳板凳,身拥书城,他依然坚定地为青年们的成长劈山开路。面对后学者的迷茫,他展露的是鼓励的目光、和悦的容颜。特级的光环、教授的称谓、督学的荣耀、等身的著作、赫赫的声誉没有挡住他前进的步履和笔耕的节奏。他完全可以颐养天年,但依然兢兢业业,尽情地释放生命的张力,影响着一批又一批的青年。

在新课程的实施过程中，教学方式到底怎么改，没有现成的答案，而要靠广大教师在实践中摸索解决。艰巨的探索过程需要既有丰富理论知识又有实践经验的专家们指引方向，只有这样才能避免在探索的过程中走弯路，甚至犯错误。我充分发挥本校的学科带头人、特级教师的作用，通过示范课、课例分析等引导广大教师逐步走入新课程，体验新课程，进而渐入佳境，把新课程的理念注入自己的课堂教学中。备课组作为"扁平化"管理模式中最基本的教学单位，由于其教学的对象(同年级学生)、教学的内容(统一的教材和学辅用书)相同，所以在教育教学过程中组内成员会面临许多共性的问题，在解决问题的过程中容易形成"合力"，使问题得到"优化"解决；同时，由于组内成员在同一年级、同一办公室办公，他们可以随时探讨教学中的问题，从而使问题得到及时解决。我校把备课组作为学校教育教学管理与校本培训工作的最佳结合点和落脚点。在备课组活动中我们着重强调三点：以学为基本点，为教师的专业化发展奠基；以研为生长点，为教师成长构筑脚手架；以思为立足点，为备课组建设提供攀缘的技术；同时，积极开展教法探讨，紧紧围绕课堂教学做文章，针对不同的课型如新授课、习题课、实验课、活动课、复习课等，采用不同的教学方法，通过听课、评课等校本教研形式，以"观摩—点评—实践—反思—改进"为方法，逐渐形成了有鲜明特色的校内专家引领备课组教学模式。让校内专家引导青年教师不断探索和解决教学中存在的个性和共性的问题，总结成功的经验和失败的教训，从而更好地推动下一阶段的教学工作。

学校推行多年的"青蓝工程"，已经为学校培养、储备了一大批青年教师后备力量。学校有四个"港城名师工作室"在全市立项启动，分别是我主持的"中学校长名师工作室"，省特级教师蒋捍副校长主持的"中学政治名师工作室”，省特级教师、教授级高级教师王广余主持的“中学数学名师工作室”和省特级教师孙运利主任主持的“中学化学名师工作室”。此外，我校有一批骨干教师入选市教科所教育教学专家库成员和“港城名师工作室”成员。这些资源对发挥学校名特优教师的示范性、推进学校师资队伍建设的进程都起到了很好的作用。

四、我让教师找到成长的幸福

我始终这样认为：幸福，不仅是单个人的追求与享受，也是人与人之间“分享”的一种体验。一个没有幸福感的老师，不可能带出有幸福感的学生。因此，我们的“普爱”阳光，不仅要普照我们的学生，也要普照到我们的教师，而教师的专业成长正是教师幸福感的重要来源。

是不是只要提高教师的工资待遇，教师的幸福感就增强了呢，当然不全是。物质金钱的激励手段有效，但并不长效。只有发动教师成长的原

动力,才能持久长效地让教师在成长中享受幸福的滋味。那么如何让教师有更广阔的发展空间和更足的发展动力呢?我想,固然我们这所学校的升学压力是巨大的,但是绝不能只为提高教学质量而忽视了教师的自我学习、自我提高,忽视了教师的发展成长。

我一向很重视教师的自我学习与自我提高,因为对学生的爱首先表现在对学生的负责、对教学质量的负责,这是我们办学的基础。教师要通过学习,进一步树立“以人为本”的教育观,丰富专业知识,不断提高专业技能,为自身专业化发展和教学实践奠定理论基础。因此我很看重教师在自我研修中读书的作用,每年都要向老师们推荐一两本书。通过阅读,教师们可以比较系统科学地掌握教育的本质、特点和规律,及时更新专业知识,了解学科发展动态和捕捉专业发展信息,不断地提升精神世界,强化科研意识和掌握科研方法。我还大力推进青年教师“六个一”工程,加快青年教师成长步伐,鼓励并指导教师制定个人专业发展规划,促进教师成长系统化。我还积极创造条件并鼓励中青年教师参加硕博进修,提升自身教育教学与科研水平。2005 年至 2007 年间,我校与苏州大学联办教育硕士班,一次性获得硕士学位者有近四十人,目前我校有硕士学位的教师占教师总数的 30% 。教师在自我研习、自我提高的过程中找到了自己的位置,认识到了自身的价值,增强了自身的素质。

在这方面我们有着许多鲜活的例子。2006 年 5 月的一天,学校刚刚公布了职称申报的相关安排,张长松老师怯生生地来到我面前,向我咨询破格晋升职称的问题。作为当时的市高评委主任委员,我当然了解破格晋升职称的要求和难度,而且,当年职龄已达晋升年限的老师很多,晋升竞争很激烈。但是,在看了他的材料简介后,我觉得应该鼓励他去尝试,去争取这个机会。因为我知道,他工作很投入,成绩很突出,而且他在乡村中学工作八年没有能晋升中级职称,2000 年调入新海中学后因为市区有职称外语和计算机的要求,又拖延了两年,直至 2002 年工作十年时才评上中级,而如果按正常的晋升时序,他应该在 2003 年就可能是高级教师了。现在如果继续让他按正常的时间晋升,那么他就要等到 2008 年,作为一名本科毕业的优秀教师,这样的损失太大了。作为一名校长,我始终在思考如何最大限度地去调动、保护教师们的工作热情,因此我同意并尽可能地支持张老师的破格申报工作,最终他成为当年全市仅有的两位破两年职龄晋升高级职称的教师之一。2012 年,张老师又因业绩突出被评为江苏省语文特级教师。

这件事对张老师的影响是深远的,他获得的被认可的幸福感是不言而喻的,这成了他持久的成长动力,推动着他进入了专业成长的快车道,后来他又被评为市“十百千龙头工程”中的“十佳教学标兵”、市学科带头人。其实,受这件事影响的不仅仅是张老师自己,学校的青年老师都触动很大,他们真切地看到自己奋斗的目标和成长的影子,因而大大激发了教学科研的热情。反思这件事,我想,用心为教师的成长创造条件,让教师怀有一颗感激之心,全力扑在工作上,这是普爱的奇效啊!

第二节　促进了学生的健康发展

普爱,爱学生,爱学生什么?首先就是爱学生的生命。课堂是学生自我发展的主要精神阵地,其主体是成长的生命,因此我要求教师从生命的高度,用动态生成的观点看待课堂教学。在实践中转变工具理性主义的教育思想,遵循生命发展的规律,以生活世界为根基,解放学生的内部力量,挖掘学生的内部潜能,让学生在学习知识的过程中更好地体验和感悟生命的意义,促进学生精神生命的形成,让学生在激扬生命之力的同时焕发生命之美。

一、让学生的优点闪闪发光

在具体实施过程中，我秉承以人为本的教育理念，重视课程教学对学生生命发展的作用，从而实现了从“知识课堂”“智能课堂”向“生命化课堂”的迈进。这样的认识跨越，是对课堂本质理性认识的大飞跃，彰显了理性关怀和人文关怀，更体现了生命发展的需要。我校英语老师仲伟玲曾经讲述过这样一个案例：

> 2008级一位男生，高一就贪玩，好动，作业完成不好，其他科目老师也经常会找他，我们老师都发现，虽然他课堂上学习上管不住自己，但他很热爱学校、班级和老师。老师上课累了，他第一个注意到；老师喉咙哑了，他第一个发现并递给老师一板金嗓子喉宝；天热老师流汗了，他第一个把面巾纸递给老师。我们都有一个共同的结论：多可爱、多感动人的学生！可是他就是学习上出了问题，如何帮助他呢？我决定让每一位老师为他在课堂上尽可能多地提供展示的机会，并让他成为我的教学小助手，既让他紧张，又让他有成就感。结果一个学期下来，我们这个学生竟然一下子进步了500多名！其实如果我们用心观察，这样的学生到处都是。面对这样的学生，我们要真诚地关心他、感动他，巧妙地引导他，让他明白老师是他的好朋友，好朋友想要他认真做人、立志成才，并让他知晓，在他发展的道路上有老师与他同行、给他支持与帮助。我相信学生会理解老师对他的生命关怀从而健康发展。

二、让干渴的苗有滋润的雨露

在教学之外我们以最大的可能为家庭贫困的学生创造条件，让普爱的光辉照到每一位学生身上。这使得每一位家庭贫困的学生都享受爱的沐浴。目前我校利用各种社会资源开展助学活动。我校 2011 届高三(26)班有位李洲同学,他的家在农村,父母在他上初中的时候离异。父亲一个人用微薄的工资勉强维持着李洲与他姐姐的学习和生活。了解到这些情况后,学校不仅免除了他的三年学费,为他发放一些生活上的补助,还安排他参加普爱党章学习社团的活动。让我们欣慰的是,面对家庭的困境,李洲同学没有放弃,反而更为自立自强,尤其非常乐于助人。他的同班同学刘畅说:“大家在学习上遇到难题时都喜欢向李洲请教,因为他分析问题比较透彻,能够把问题的本质说透。更重要的是他态度好,总是乐于回答大家的提问,这在高三冲刺的关键时刻是难能可贵的,我们都很感动。”李洲所在的班是理科实验班,这个班的学生可以说个个都是拔尖生。在平常,同学之间可能都憋着一股劲比着学习。在临近高考的时候,寸阴寸金,但是李洲仍然会帮助后进同学,这让很多同学在感动的同时更加钦佩。高考之前,李洲同学光荣地加入了中国共产党。高考中,李洲以优异的成绩考取了梦寐以求的清华大学。在接到录取通知书后,面对记者的现场采访,李洲同学动情地说:“高中三年,我得到过班级、同学、老师、学校以及社会的帮助,很难忘,也很感动。作为一名高中入党的学生,今后会以更加严格的要求去历练自己,以高度的责任感去帮助别人,将新海绵延不绝的普爱精神传递下去。”目前,像李洲这样的党员学生还有很多,我校每年都有三十名左右的学生入党,为党组织输送了一大批优秀学子,而普爱党章学习社团也已成为我校重要的校本课程和教育资源。

三、让脆弱的心灵在阳光下成长

教师的职责不仅是传授知识,还应帮助学生在个性品质等多方面健康和谐地发展。尤其是后进生的心理更为脆弱,更加渴望被肯定,要加倍呵护。教师的关爱就是一剂良药,哪怕一个微笑的眼神,一个细小的动作,甚至温柔的语言,都可能使他们的心灵受到强烈的震撼。但遗憾的是,长期以来这些学生的心理始终处于受压抑的状态,有人形象地称之为"晒不到阳光的角落"。对于这些学生而言,长时间的被否定、受压抑,无异于一种漫漫无期的精神刑罚。实际上,这些学生的心理是矛盾的,一方面他们极其自卑,下意识地关闭自己的心扉;另一方面他们的心里又时时燃烧着渴望,渴望改变自己的境遇。这时教师应主动关心爱护学生,站在学生的角度上,给学生更多的理解、更多的爱。如果发现学生有不良情绪,一定要及时个别谈心,弄清原因,并采取恰当的方法帮助解决,适时地给以关爱,而不要吝惜自己真诚的期望,因为对学生而言,这些关爱是阴霾中透出的一丝阳光,是滋润心扉的滴滴雨露,将有力地鼓励他们奋起,激励他们前进。我校王新霞老师就写过这样的一则案例:

让每颗渴望飞翔的心灵飞起来

今年的教师节那天,我又一次收到了南京师范大学中文系刘明寄来的一张精美的明信片,上面写道:"王老师,如果您当初在对待我上课写信一事的态度上稍稍急躁一点,如果您不细致地做我的思想工作,我怎么可能会有今天呢?是您,我敬爱的老师,是您改变了我的一生!谢谢您!"

刘明,是呀,这个颇有个性的大男孩,五年前,我曾做过他的班主任兼语文老师。谁能想到,一句"刘明,刘明,信写得真棒"的话语竟然让一名顽劣学生的特长得以充分张扬,使他借个性的光芒,扬起了生活的风帆;谁又能想到,因一封信,不少人眼中的"后进生"找到了一片属于自己的蓝天……

那是高一上学期，我正在上复习课，平时上课最爱偷睡懒觉的刘明不但没睡觉，还用笔在纸上飞快地记笔记，快下课时，我及时表扬了他，哪料他的同桌站起来“揭发”了他，原来他在下面写信！我气恼地冲过去，缴下他夹着一张纸的书，然后气呼呼地命令他下课后到我的办公室来。

哪料下一堂课的铃打了，他还未来，我顺手拿起那封信看了起来：

“亲爱的梅：

说再见的那一刻

我很难过

因为你我的开始就是一个错

我们都很天真

都想拥有一个美好的结局

但我们能吗

我们身上的翅膀只能带给我们暂时的快乐

我渴望带着你飞翔，共同度过快乐的时光

一直到老

但是我又不能，我不能自私地为了我而毁掉你

现在只有一支木棒从岸上伸向我们

它能够救我们，但有一个条件就是不准我们再有感情

我不要你跟我葬身水底

你是那么可爱，那么快乐，我怎么忍心毁了你

如果你懂，我视你为知己……”

看着，看着，我的气渐渐消了。这虽然是一封“情书”，但写

得是如此优美如此富有文采，这倒真是我所未料到的。

下课铃响了，我到教室门口叫刘明，刘明很不情愿地出来了，头歪向一边，一副无所谓的样子，我的气又来了："没有教育不好的学生，只有不会教育的老师！"我提醒自己要耐心耐心再耐心些，这一连串有力的声音帮助我按下了冲上来的怒火。我压住火问他为什么没来，他不理不睬，头反而扬得更高，我平静的心再次被搅乱了。"这样的学生不值得为他生气！"我再一次控制住了自己，和缓地说："我想和你谈谈，可以吗？""谈谈？不就是挨批评吗？"他终于开口了，但一开口就是如此噎人。我再次冷静下来问："刘明，我不想追究你和这个女孩之间的故事，现在你有这样的想法，我已经放心了，相信你能把握好自己的方向，只是我所没想到的是：你的信怎么写的这么棒！这么好的写作水平，我到现在怎么没有发觉呢？"听了我的话，刘明一愣！他偷偷瞧了我一眼，见我一脸诚恳的样子，手脚似乎有点不大自在了，眼光闪烁王顾其他。我见他已开始不那么戒备了，又进一步问："刘明，你有这么好的写作水平为什么平时不把它表现出来，连每一周的作文都想逃？"刘明这时已经完全放松了，迎着我真诚的眼睛对我说："王老师，没想到你对我这么信任，除了相信我能处理好我和梅之间的事外，更相信这封信是出自我的内心自己写出来的，这真让我服了你了！其实，我在小学的时候，学习成绩还比较好，对写作也很感兴趣，后来上了初中，只是由于贪玩成绩一直没上来。更让我受不了的是，有一次我因为用心写了一篇作文，满心以为能得到老师的表扬，没想到老师竟用怀疑的眼光问我是否从哪里抄来的，同学们对我也表示怀疑，我受不了这一打击，发誓再也不交作文了。其实我虽然不再交作文了，但我一直喜欢写一些东西，在练笔本上我可以尽情地倾诉我的喜怒哀乐，每次写完东西后我都有一种说不出的快感，但我总是独自偷偷地在写，从不给别人看，我怕别人会瞧不起我。"

听了刘明的这番话，我真为他辛酸，想不到，小小年纪竟然蒙受了这么大的心理阴影，真的让我没想到！我禁不住地抚着他的肩，动情地说："刘明，别让'心病'绊住你的脚，我们重新开始，好吗？我们学校最近正在组织同学参加'语文报杯'作文大赛，每班一个名额，我想让你参加，行吗？""什么，让我参加？"我使劲地点了点头，信任地看着他，他眼神中闪过一丝惊喜，微微一笑，露出一对可爱的小虎牙，（多么可爱的孩子啊！）但随即他用平淡的口吻说："老师，我怕我写不好，不能为班级、为学校争光，班上有那么多学习成绩很好的同学，你还是从他们中选一名参加吧！"我诚恳地对他说："不，刘明，你已经被埋没了这么长时间，该是发挥你的特长、证明你自己的时候了，放下你的思想包袱，做好充分的准备，挑战比赛吧！老师相信你一定行的！"接着我又讲了中外一些名人如巴金、老舍、鲁迅等文学家在关键时候发挥自己个性特长为祖国为自己争得荣誉的事，最后直说得他热血沸腾，发誓要从此大展宏图。

谈话结束时，他第一次对我礼貌地说了声再见。

在接下来的"语文报杯"比赛中，刘明果然取得了全国高中组二等奖的好成绩，我抓住了这一机会，在班上及时表扬了他。看得出，此时的他挺直了自己的腰杆，也第一次在班级中迎着老师的目光自信地微笑着。后来在高一下半学期，刘明又获得了省市组织的“全国中学生读写竞赛”市一等奖、省二等奖的好成绩。丰硕的写作成果改变了刘明沉闷的性格，也点燃了他学习语文的激情，他的语文成绩提升很快，这让我感到很高兴。

但遗憾的是他的其他科目却起色不大，在他获得“省读写竞赛二等奖”之后，我再一次与他进行了一次长谈，在我肯定了他写作水平很优异之后，他就迫不及待地跟我说：“作文不错有什么用啊？我数理化成绩不好，我永远都是父母、老师眼中的后进生！”说到这里，我发现他眼圈一红，停了一会儿，他小声地说：“我也想学好数理化，我曾努力过，但我发现我不是块学习的料！”说完，头一低，眼睛瞅着自己的脚尖不说话了，我知道，他在做痛苦的挣扎，我更明白，孩子正在努力地想改变自己，我不禁抚摸着他的头说：“人不可能什么都好，也不可能什么都不好，这个社会既需要大学教授，也需要一流的作家、技术工人。如果一个人能扬长避短，他一定会有所发展的。钱钟书先生当年读书时，他的数学成绩常挂红灯，他的数学老师回忆说，每次考试都是送分让他过关，事实上，钱钟书先生并没有因为当年数学成绩比较差，而影响他成为一名伟大的文学家。”刘明最崇拜文学大师钱钟书了，一听到这里，他一改刚才消沉自卑的样子，挺直了腰杆，睁着一双清澈的大眼睛望着我，专心地听我说话。我继续说道：“如果你真想在文学上有所成就，按现在的高考录取政策，只要你肯下功夫，你将会是高校优先录取的幸运儿之一，而且，你能在作文上取得这么好的成绩，相信你也有能力学好其他学科。而且高校对有特长的学生还优先考虑，如果你在高考之前在作文竞赛上有更大突破的话，大学之门肯定会为你打开！”听到这里,刘明急切地说:“王老师,真的吗?如果我努力,真的能跨进大学的门槛吗?”他那张稚气未脱的脸上微泛着激动的红晕,我使劲地点了点头,在那一瞬间,我清楚地看到了他眼中的点点泪光,同时也看到了一个孩子渴望成功的迫切愿望。

从此,他好像换了一个人似的,写作上更勤快了,学习上也积极起来了,他还毛遂自荐当上了学校文学社社长。后来,他果然不负自己的苦心,在又一次作文大赛中获得了全国一等奖,为自己高考赢得了加分的机会,从而最终顺利地跨进了南师的大门。

记得他在踏进大学校门后的第一封信中就写道:“王老师,您知道吗?每次您在班级读我文章的时候,是我腰板挺得最直的时候!您那句‘刘明,刘明,信写得真棒’的话让我有多感动!同样一件事,出自您之口与出自我初中语文老师之口,结果是多么的不一样啊!老师,我现在特别感谢您,真的,如果没有您,我的写作水平怎么会发挥得那么好呢?我的成绩怎么会提升得那么快呢?谢谢您——老师,遇到您是我一生中最大的幸运。”

是的,由于天赋和教育环境的原因,学生的先天潜质和智力优势是不同的,实践证明,某个方面的后进生,恰恰可能是另一方面的优等生,如果我们让学生的个性特长得以充分张扬,那么,他很容易借个性特长的光芒驱除心灵的黑暗,从而扬起生活的风帆。

关注学生的成长,真的不是一句空话,而是落实在每一个人的身上,落实在每一个教育的契机上。学生心理的健康尤其应引起我们的高度重视。世界卫生组织(WHO)把健康定义为:健康不仅是身体没有疾病或异常,而且要生理、心理以及社会各方面都保持完好状态或最佳状态。最近世界卫生组织进一步发展了这一定义，要生理、心理、社会功能和道德方面都保持完好状态或最佳状态才称得上健康。可见教育者对学生的健康肩负着多大的责任啊。

第三节　营造了校园的和谐人文氛围

作为一所学校，我们深刻体会到创建良好自然环境是基础，人文环境是保证，心理环境是核心。这三者的有机融合，不仅体现了学校的审美意想和价值目标，更体现了学校的理性色彩和内在观念，对学生身心的健康发展起到了潜移默化的重要作用。很多走进新海高中的人都说："这里的老师心态平和，态度和蔼，这里的学生大方自信，活泼快乐。"我校有 4500 多名学生，其中住宿生 800 多人。离开了爸爸妈妈的呵护，独立面对新的集体环境和生活自理的挑战，学生的过分依赖、紧张焦虑、自我中心等问题很容易暴露出来。但正是由于学校倡导师生平等、理解尊重的教育理念，倡导每位教职工都成为学生的知心朋友和心理辅导员，才使得学生心境平和，没有师生交往的紧张感。

一、教职工拥有动人的人文情怀

我经常说，在新海中学这种层次的学校里工作，理应有与之相适应的素质与教育的影响力，因为，校园处处有教育，学校人人都是爱的使者。在我校师生之间、生生之间的爱的故事感染着师生，也为学生创造了一个和谐温馨的生活环境。就连学校的职工他们也在处处体现学校的精神，处处教育感染着学生。普爱的学校理应有普爱的烙印。在感动新海十大人物评选过程中，我们学生就选出了第一食堂的班长李勤师傅、年级保洁员马志凤师傅、医务室的三位校医。他们没有在教学的第一线，但他们每天都以人格魅力影响着学生。

这里我想讲一讲我校一个普通保洁员的故事。她叫马志凤,年近 50 岁的她,在新中保洁员的岗位上已有二十多个年头。二十多年来,她把一位母亲的爱倾注到了学生们身上。她的工资收入并不丰厚,却每每在学生困难之时,伸出援助之手;她的文化程度并不高,却总能以朴实真挚的话语,为学生们解忧。她似乎总比别人多一份细心和热心:二十多年来的周末休息时,她总喜欢叫上学生们去家里吃饭,最多的一次,家里一下子来了九个孩子。她似乎总喜欢比别人多管一份闲事:见到有学生在教室打闹,她会马上上前劝止;看到学生浪费东西,她会耐心引导;看到学生不认真学习,她会忧心忡忡。学生们都亲切地喊她“马阿姨”。她以自己默默的行动诠释着爱生、爱校、爱家的责任感。她理所当然地成了我校“感动新中人物”。我们为她拟写了这样的颁奖词:

一顶小帽、一身工作服、一双胶皮手套，就是她的速写；擦窗、拖地，清扫、保洁，就是她的工作。每天校园的黎明都从她的"刷刷"声中开始，每晚教学楼的灯光都在她的忙碌中熄灭。她到哪座楼，哪座楼就最整洁。凌云楼下那间库房就是她简朴的小家，也是许多住校学生温暖的大家。她的一声"小乖"，总能让人心头一热。学生喊她"马阿姨"，老师叫她"马大姐"。她就是以校为家、爱生如子的保洁员马志凤。

在"感动新中人物"颁奖典礼上，当马志凤上台领奖时，掌声雷鸣，经久不息。马志凤流下了激动的泪水，全体师生也受到了深深的感染。

普爱教育让学生以爱为动力学习相处，使校园形成了一个和谐的学习氛围，成长出了一批又一批的著名校友，校友们的事迹又代代传承影响着后面一届又一届的学生。出于这样的考虑，我带领大家全力建设校史室，创建知名校友、教师、学生事迹展览室，扩大展板、宣传栏、读报栏、阅览室，形成榜样的教育阵地。在学校的大平台上，开辟了专栏，用数十块大展板介绍普爱历史上的烈士、模范教师以及优秀学生代表。在这些学生代表中，有奥林匹克竞赛全国金牌、银牌、铜牌的获得者，有排球、足球、健美操、乒乓球、国际象棋等运动项目的省级以上大赛的折桂者，国家级健将和一级运动员，有钢琴、舞蹈、二胡等艺术比赛中脱颖而出的精英，有在学校各类活动中崭露头角的才俊，有自主招生中在全省名列前茅的翘楚，有光荣加入中国共产党的学生党员群体……他们都以无声的语言在影响着新海的莘莘学子。

二、同学校友之间有真情的交流

2010 年，在我校筹备新海高中八十周年校庆的时候，校友们纷纷表达他们的拳拳真情。远在美国、加拿大、澳大利亚、英国的校友纷纷成立

了海外校友会,实时传发校友们对母亲的祝福与眷恋,他们有的勒石寄情,有的寄物相赠,虽是片言只语而真情永恒,给后来的学弟学妹们以深深的启迪。2010 年 10 月 15 日,新海高中八十周年校庆期间,各地校友更是纷纷前来,学校还特别组织了著名校友“普爱讲坛”主题报告会。其中,1947 届校友、中国工程院院士王文兴教授,1969 届校友、北京军区副参谋长陈建少将,1974 届校友、中共中央党校战略研究室主任、博士生导师段培君教授分别为全体师生举行了“院士与学生面对面”“将军与学生面对面”“创新与教育”的专场讲座,全体师生的心灵受到了震撼和洗涤。老校友的谆谆教诲深刻地诠释了普爱的一层内涵:普爱,就要以坚韧的精神不断创造出卓越的成绩,为母校增光,为社会添彩,并全力回馈社会,普济爱民,成为他人前行的榜样。

校园里那些学生身上永远闪耀着的普爱的火光也让我们心生敬意。2010 级有一位同学患有小儿麻痹症,无法自如行走,学习和生活都十分不便。而为了帮助这位同学顺利完成学业,在他的身边自发地组成了一个爱心小组,只求付出,无需回报:陈凯威,每天到教室门口扶他到座位,放学接送;姜南、张杰,坚持信息课、考试时将其送至所在教室和考场;曹源,坚持每天帮其买饭;吴星翰,现任同桌,在学习和生活上给予其多方位照顾和帮助；章子涵，陪着他不知走过了多少个酷暑和寒冬。他们说："我们就是这位同学的腿，他到哪里我们就会陪他到哪里。"多无私的帮助啊，这一份深沉而厚重的友情让我不禁感动、感慨、感叹，他们以自身的行为践行着人世间爱的真谛：友情无价，大爱无言！

在校的各年级学生之间也形成了传帮带的好传统。高一的学生要成立学生会，高二年级的学生会老会员们便前来指导高一学生会成立的相关事宜，并辅导他们进行竞选演说。高一年级学生刚进校一个学期，到寒假前就要排演专场的元旦晚会，而每年的元旦晚会都是我们学校最为重视、规格极高的盛会，于是高二高三的学长们纷纷出谋划策，现场指导。高三的学长们要毕业了，高一、高二的学弟学妹们便以各种方式为高三学长祝福，他们纷纷到高三年级做展板，鼓励学长勇于挑战，祝福学长考场必胜。

已毕业的学长，每年在毕业典礼前后都会配发照片上传人人网，以表达他们真挚的祝福之情。2013 年 5 月 25 日是 2013 届高三学子的毕业典礼，2012 届毕业的学生在人人网上几乎全把自己的头像改为"新海加油"，上传了一百多幅他们在各大学的照片，以此来表达他们的深深真情。在浙江大学的几位新海毕业生上传照片后写道："因为路过你的路，所以苦过你的苦；因为期许着你的期许，所以祝福着你的祝福……。"情真动人，令人感怀万分。到临近高考,每当课间跑操,高二、高三的学生相向而跑,每遇到高三学长的队伍路过时,高二的学弟学妹们便高喊"高三加油"的口号为他们助威。高三学生在校的最后一次晨会上,总会有考上大学的学长专程前来为高三学子做考前的动员讲话,他们贴近学生实际,以过来人的身份去指导,以亲身体验的感受去辅导,使即将走向考场的学子们有切实的收获。这种年级间学生的感情,是在一个和谐的氛围中培养出来的,这是源于普爱的种子在他们的心底发芽长大。

第四节　形成了社区的普爱氛围

一、普爱之光穿过校园照耀在社区

我校的普爱教育提升了学生对爱的认识,他们积极行动起来,组织各种各样的活动走进社区,回报社会。我校苏教国际班把特殊教育学校确定为自己的社区服务基地,每周都安排不同的活动,开展多样的服务,跟那些聋哑儿、智障儿结成朋友。在他们的带动下,我校全体学生也以图书义卖、交一次特殊团费、少喝一杯饮料献一份爱心为主题定期开展捐资助学活动。在听说盲人学习用铜版纸紧张的消息后,全校学生马上行动,开展了捐献挂历的活动,很快就收到了上千份铜版纸挂历,给盲人的文化学习创造了条件。

2011 年 4 月，江苏省学业水平测试刚刚结束，高二年级的学生刚从繁忙的应考中醒过神来，有些学生觉得一个月的噩梦般的复习不堪回首，想把与小高考有关的书籍簿本全部扔掉。这时候，学生会的干部察觉到了这些情况，马上召开了学生干部会，决定组织一次学业水平测试珍贵笔记收集义卖活动。这个活动得到了全体高二学生的热烈响应，他们纷纷拿出自己整理得一丝不苟的笔记本，有的还重新设计，添上一个精美的封面，并写上祝福的话，学生会干部们在收集的过程中非常感动。义卖的横幅刚打上去，义卖柜台就被高一年级的学生围满了，最终筹集了义卖款上千元，用于资助贫困学生。现在这个活动已经成为传统活动，每年都在进行。2013 年的小高考结束以后，我的办公室里来了高一(25)班的两位学生，他们向我提交了承办这次义卖活动的申请书，列出了他们的活动方案及资助对象。虽然这个事情以前都是学工部组织学生会在做的，我不能越权直接决定这件事，但还是给学工部作了批示。我觉得这两位学生的热情要鼓励，也相信他们能够办好，而结果也确实如所料，他们办得非常成功。

二、普爱之火燃起热心人的爱

在普爱的感召下，许多学生家长、老校友、社会团体和企事业单位纷纷伸出友爱之手，献出爱心，帮助有困难的学生渡过难关，形成了良好的社区普爱氛围。多年来福建商会总是不留姓名地资助十几位学生，“爱心妈妈”挂着网名来学校助学,“叶欣仁”(热心人)用汇寄的方式不露面地资助我校学生一直到读完大学,“郝姨”一直不留姓名地资助一名同学一直到他考上了国防科技大,七一六所的党员自发组织捐资扶助我校的贫困学生,市公安局“春风行动”资助的优秀学生大部分都考上了北大、清华等名校。

2011 年 10 月,我收到了一封令我非常感动的来信。来信者是一位热心资助贫困学生的社会志愿者,也是一位只求奉献、不留真名的大爱者。他在信中说希望资助高一年级的一位家庭困难的优秀同学,每学期 3000 元钱。来信第二天 3000 元钱随即寄到,他的署名叫“魏仁仁”。不求人人为我,但求我为人人,他的普爱行为温暖了一位同学、一个家庭,也温暖了我们每一个人。这是一位但求默默奉献、不求显扬名声的人,也是一位令我景仰的人。他送来的不仅是经济上的帮助,更是爱的滋养;他用默默奉献为我们树立了普爱者的标杆,让新中校园洋溢着无私奉献的真情。近三年,那位被资助的学生(来自农村,孤儿,只靠无劳动能力和经济来源的奶奶在扶养)一直健康快乐成长,成绩稳步上升。2013 年年底,我把复旦大学设立的“腾飞计划”(限招农村学生)校长直荐名额投放给这位被资助学生。这也是社会的大爱在感染和鼓励着我所做出的回应。

这些社会上的热心人,用爱铺就了学生成长的路,使他们在成长的过程中克服了困难,养成了良好的心态,必将成为国家的栋梁。

三、普爱之火燎原海内外

新海三年,普爱行健的校训,深深铭刻在我校毕业生的心上,他们无论走到哪里,都忘不了普爱的传统,他们在不同的地区、不同的岗位,以各种各样的方式传递着普爱的精神。许多曾经受过资助的学生上大学后,利用课余时间打工,不但养活自己,而且还资助了许多老少边穷地区的孩子们。2010 年考上香港浸会大学的伏音琪同学，利用课余时间参加义工活动，每逢寒暑假，她就与她的校友们一道组团到中国的西部地区、受灾地区义务支教扶助。成立在各地的许多新海中学校友会，都想方设法筹集善款，成立资助基金会，他们会定期集中，传达相关信息，资助那些需要资助的人。新海校友有普爱的传统指引着他们激励着他们，让普爱的光越照越远，这是很令人欣喜的地方。

结束语

回顾我的成长历程,反思我的办学思想,大道无痕,普爱有缘。普爱已融入了我的血液,成为我身心的一部分。在今后的日子里,我不敢说能发展普爱的教育思想,但我笃信,在今后的办学过程中,我一定会更好地秉承普爱的传统,用发自内心深处的自觉去播洒仁爱,承担起一份育人的责任。泰戈尔说:“不是槌的打击,而是水的载歌载舞,使鹅卵石臻于完善。”这是一个纯美的教育境界。当我们面对有独立人格、独立思想和极强自尊心的生命个体时,使他们日臻完美的流水就是我们的一颗普爱之心。我们用诚心打磨、雕琢我们的学生,使他们从心底接受普爱的教育并自觉地去传播普爱的精魂,这是我一直向往的境界。

每天,巡视校园,抬眼而望,便是平台尽处的大幅标语:立凌云之志,行修远之路,入登高之境。这是对每一位走进新海学子的激励与期盼,同样也在时时刻刻地激励着作为校长的我,我虽然还没有什么突出的理论成就,但追求教育本真的志向始终鞭策着我,也许我已走了很长的弯路,但我依然坚信,自己有登高临远的那一天。在当前的教育形势之下,迫于来自上级、家长以及升学的各种压力,也许我暂时还无法做到完全摒弃功利之心,但是在普爱的指引下,我必定会怀着真切的关怀和挚爱,带领我的教师队伍,让我的学生在载歌载舞中日臻完美起来。

附录（一）

·媒体采访·

李宏伟教育思想研讨会在西安举办

2012 年初冬时节的古城西安，因为教育思想的光辉而变得异常温暖。11 月 19 日至 23 日，由教育部中学校长培训中心、陕西省教育厅主办，西安市教育局协办，西安交通大学附属中学承办的“人民教育家论坛·全国优秀中学校长教育思想研讨会”在西安维景国际大酒店举办。21 日上午，“人民教育家论坛·李宏伟教育思想研讨会”举办，教育部中学校长培训中心主任、华东师范大学首批终身教授、博士生导师陈玉琨及教育部有关专家教授、教育部全国优秀中学校长高级研修班、全国高中校长班等学员近 300 人及陕西省 100 余名中学校长参加了活动。

A2
港城教育
人民教育家论坛
全国优秀中学校长教育思想研讨会
李宏伟教育思想研讨会在西安举办
大道普爱
普爱浸润人心
培养“教育家型”中学校长
“普爱”成为符号语言

论坛背景

培养“教育家型”中学校长

本次“人民教育家论坛 · 全国优秀中学校长教育思想研讨会”的举办，旨在贯彻落实《国家教育事业发展“十一五”规划纲要》精神，培养造就“教育家型”中学校长。该研讨会在教育部人事司的统一部署下，教育部中学校长培训中心从 2010 年开始，先后在北京、浙江、江苏、吉林、上海、天津等地成功举办了 30 余位全国优秀中学校长的教育研讨会。

记者观察

“普爱”成为符号语言

记者在“人民教育家论坛”现场发现，李宏伟校长的教育思想“大道普爱”在演讲之后，成为论坛现场的重要“符号语言”。

在演讲结束后的“茶歇”时间，多位与会者要求与李校长合影留念，其中有教育部的专家教授，有全国十余个省市的数十名名校长，还有与会的众多西安市的教育工作者。他们的话语中都以“普爱”为主题，表现出对这一教育思想的高度认可和赞赏。计划 15 分钟的茶歇时间，延长到 20 分钟，李宏伟校长一直被众人围在讲坛上，在密集的闪光灯中合影留念。

在论坛结束后的午餐时间，“普爱”成为整个自助餐厅的高频词。众多与会者把“普爱话题”融入了排队时的等候，把“普爱故事”变成了就餐时的谈资。一位女校长甚至半开玩笑般地说：“今天我为大家倒饮料，让我们共同传播普爱的光辉……”

现场观点

这是一个非常精彩的报告,通过聆听李宏伟校长的发言,我深刻感受到他们对“普爱”的纵向传承和横向的蔓延。

——河北唐山开滦一中张丽钧校长

“大道普爱”是一个永恒的课题,也是一个崭新的课题,李校长用一个个生动感人的故事,诠释了如何在办学实践中践行普爱的教育思想。

——安徽安庆一中沈波校长

听了李校长的教育思想报告,我很感动,也很激动,一直被他的普爱思想包围着,他用 37 年的普爱情缘,28 年的普爱追求,构建了一场普爱盛宴。最让我感动的是 30 多个教育故事,让我感受到“做好每件简单的事,就是不简单;做好每件平凡的事,就是不平凡!”

——广西南宁中学戴启猛校长

新海高中的校训“普爱行健”与清华大学的校训“自强不息,厚德载物”有惊人的契合。在清华,我经常会听到的口号是:“将自己的命运与祖国的命运结合起来”,“为祖国健康工作五十年”。而对于我,这些话语早已耳熟,因为它们并不独属清华。早在新海高中的日子里,我们就已经在潜移默化中感受到这样的熏陶;来到清华之后,过去积累下的严谨与求实又带领我们往更高更远的地方攀登。新中的一点一滴,无不在为学子铺下未来发展之路。在新中,老师更多的则是注重我们的兴趣爱好,鼓励我们在擅长之处不断探索。课堂内外,我们广泛地拓宽自己的兴趣,接触更宽广的世界。参加清华大学保送生面试时,我俨然已不是那个懵懂的初中生,高中三年的生活使我对很多事情有了自己的思考。我是得益于数学竞赛的思维锻炼的人,但我仍清晰记得当年面试中面对“你怎么看现在如此盛行的奥赛培训"的问题,我的回答是"学生们的兴趣不应被强迫,不应随便把一些人的爱好强加到别人身上"。爱学生,但不因此而拔苗助长,给一片自由呼吸的土壤,学生们才能在心灵的指引下走得更远。

——新海高中2009届校友、清华大学钱学森班周嘉炜

过去师徒如父子、师道尊严的时代一去不复返了,新型的师生关系已经在新海的校园里蔚然而成了,我眼中一直还是娇生惯养的女儿也学会了体贴照顾人了。普爱教育下的教师不再与学生有不可跨越的鸿沟,而是发自内心的亲和,学生就是在这样放松亲切的环境下成长成人。

家庭教育只能教给孩子一些基本的人文常识,而良好的学校教育必将给孩子打上鲜亮的人生底色。我庆幸,我家孩子能在新海高中这样优秀的环境里生活;我欣慰,我家孩子能在普爱的文化浸润下成长。新海的普爱给了孩子们厚实的人文积淀,普爱的光辉引领了孩子们前进的方向。

——新海高中学生家长张长松

在新海一年多的时间里,我在这个宽松而又有序、和谐而又严谨的教育环境中学会了如何学习、如何做事、如何做人。我们敬爱的老师,以他们奉献的敬业精神和高尚的职业道德,如阳光雨露般潜移默化地滋润着我们的心田,他们父母般的爱心、无私忘我的奉献,不仅为我们传道、授业、解惑,而且感化、影响和教育着我们成人。在新海,我们不仅夯实了学业基础,而且自身不断成长并找到了未来奋斗的方向,是老师们用心血和汗水托起了我们心中的梦想。

李校长经常说:"每个学生都像一个含苞待放的花蕾,他们的健康成长需要雨露的浇灌,更需要阳光的照耀。"是啊,老师们是这样说的,更是这样做的。"团团哥、苏姐、陆西西、老潘",这一个个我们对老师亲切的称呼,正是老师对我们关爱有加、亲密无间的真实写照。师爱就是温暖的

阳光,给学生一种伟大而又神奇的力量,让我们充满理想和信心地走向成功的彼岸。新海高中的老师让我们感受到爱,懂得了爱,知道了爱首先就是正确认识自我,爱惜自己,悦纳自己。

在新海,我们深刻感受到:每一个学生都是世界上独一无二的个体,每一个学生都存在着独特的生命内涵和成长节奏。老师们通过言传身教,将一颗普爱之心深深地熔铸进我们的心田,使我们受用终身。普爱之光遍洒了我们的校园,校园内到处闪耀着普爱的光芒。

——新海高中学生高二班　耿子凡

论坛现场

大道普爱

“我与普爱教育今世有缘。确立大道普爱的教育思想,应该说是出于缘分——我与新海高中的缘分,新海高中与其前身(建于1930年的普爱平民义务学校)的缘分……”,李宏伟校长的开场白一下子吸引了在场的300余位专家学者,他的教育思想演讲以“大道普爱”为题,在综述了“普爱教育”的发源和在教育实践中的形成过程之后,结合PPT的同步演示,从五个方面论证了自己的教育思想。

首先,李宏伟认为,“教育的真谛是大道普爱”。他从古今中外思想家、教育家、哲学家、政治家关于“爱”的观点讲起,结合教师职业特征、自己的教育实践提出“普爱而不偏爱、普爱而不滥爱、普爱而不溺爱”;第二部分,李宏伟认为“教育的境界是培养教师的普爱自觉”。

“要培养具有普爱精神的学生,首先需要具有普爱精神的教师”,他从普爱是一种崇高的精神追求、普爱是一种强大的行为动力、普爱是一种温暖的人文情怀三个角度,论述如何来培养和激发“教师的普爱自觉”;

第三部分，李宏伟认为“教育的追求是让学生传递爱的火炬”。“我所提倡的普爱教育最终的指向是学生的幸福成长，最终要培养的学生应具有普爱型人格……”，此部分以学生的培养为指向，从唤醒学生爱的意识、提高学生爱的能力、提升学生爱的境界三个角度，阐述学生如何实现人与自己、人与自然、人与社会的和谐发展；第四部分，李宏伟认为，“教育的践行是让爱的光芒普照校园”。他以自己多年的教育实践为素材，论证如何让“普爱的教育行为”贯彻到教育实践的全过程，从“在管理制度中体现普爱精神、在校本课程中培养普爱智慧、在课题研究中弘扬普爱文化、在实践活动中养成普爱自觉、在文化建设中践行普爱追求”五个角度，论述了以“普爱”为核心的校园文化形成过程和日益显现的积极影响；第五部分，李宏伟认为，“教育的成效是要在普爱的阳光下成长”。他从延绵80余年的普爱教育实践，论述“普爱”在校园之内和校园之外所展现出的持续的、非凡的影响力。这些影响力包括“推动了教师的成长提升、促进了学生的健康发展、营造了校园的和谐环境、形成了社区的普爱氛围”。

最后，李宏伟校长表示，回顾自己的成长历程，反思自己的办学思想，可谓“大道无痕，普爱有缘”，正是在“普爱”的指引下，自己的教育实践、教育思想才日臻完美起来。

反响强烈

普爱浸润人心

在李宏伟校长近100分钟的教育思想报告中，与会的专家教授和教育工作者表现出了极大的兴致，其中众多教育观点，让与会专家频频颔首；众多教育实践，让在座校长连称绝妙；30余个教育故事，更是让聆听者感触至深。论坛的主持人、教育部中学校长培训中心主任助理张俊华副教授说，李宏伟校长的精彩演讲娓娓道来，论述普爱的价值，他在给我们广泛借鉴的同时，也给我们深刻的启示："关注学校文化建设中的叙事研究，通过故事来发现教育思想的光辉。"

随后，按照论坛的部署，新海高中校友、清华大学工程力学系周嘉炜做了题为《爱至深，业至善》的发言；新海高中学生家长代表张长松做了题为《教育回归大道，普爱浸润人心》的发言；新海高中学生代表耿子凡做了题为《在普爱的阳光下成长》的发言。发言者从各自的角度，结合自己的亲身经历和独特感受，畅谈"普爱教育"在成长成才和工作生活中的积极影响，一致认为新海高中以"普爱"为核心的教育，正在让学校的每个层面、每个角落、每个人感受爱和教育的光辉，并积极传递社区，辐射社会，影响未来。

在论坛的现场互动提问环节，众多专家和校长结合李宏伟的"大道普爱"思想频频提问研讨，现场氛围十分热烈，"再议田佳佳的故事""普爱与学校精神文化构建的关系""预备论追问"……与会者的提问，显示出了思想内涵和理论深度。李宏伟校长结合自己的普爱教育思想、多年的教育实践和完备的教育理论一一回答，现场气氛活跃，掌声不断。

最后，李宏伟校长的指导老师陈玉琨教授进行了点评。陈教授在点评中说：李宏伟关于"大道普爱"的教育演讲有相当的理论深度，他与教育实践相结合，底气很足。整个演讲体现出的"普爱"教育思想全面细致有创意，给人很多启迪。陈教授还从"爱的判断、爱的矛盾运动、爱的应然与爱的实然"三个维度深入地进行了探讨，并对李宏伟教育思想之中理论的广度、实践的厚度予以高度褒奖。

（引自 2012 年 11 月 27 日《连云港日报》）

附录（二）

“人民教育家论坛·李宏伟教育思想研讨会”实录

主持人（张俊华，下同）：欢迎大家回到我们“人民教育家论坛·李宏伟教育思想研讨会”的现场。在2500年以前，我们的圣人孔子其实就已经提出“仁者爱人”的思想。墨子同样也提出“兼爱”这种思想。应该说，如果我们回顾法国大革命的话，法国大革命以后，它给整个世界，特别是西方留下的价值观是自由、平等和博爱。而到了我们近现代，孙中山先生提出“天下为公”，再一次把爱与博爱作为一种价值观。从这个意义上讲，应该说爱，博爱或者普爱，它已经演化成为人类社会的一种基本价值观。那么今天呢，非常荣幸，要围绕着普爱这种教育思想和这种教育价值观进行演讲的是江苏省新海高中的李宏伟校长。李宏伟校长在过去长达20年的学校领导和管理教育当中，获得了很多的荣誉，这里面包括2000年曾经被评为全国体艺工作先进个人，2005年成为连云港市首批中小学名校长，并且担任市政府副主任督学，同时也被聘为苏州大学硕士生导师。之后，他被评选为“江苏省首批人民教育家培养对象”，2010年，被评为“江苏省有突出贡献的中青年专家”。李校长在各类刊物，包括国家、省地级刊物已经发表论文多篇。应该说李校长是一位学者型、研究型和专家型的校长。下面，我们就以热烈的掌声欢迎李校长给我们做演讲，同时我们还要特别欢迎的是我们李校长今天的亲友团，江苏省连云港市委教工委书记、市教育局局长匡中远以及办公室主任韦九金等，他们也来到了现场。首先,我们掌声欢迎李校长。

李校长:《大道普爱》主题演讲,四万余字。(具体内容略,主要内容在本书的正文中均有体现)

主持人:非常感谢李校长达一个多小时,非常辛勤、非常精彩的娓娓道来。他用一个爱的"定式"诠释了他对于教育的爱,以及他的普爱教育理念。其实李校长的这个报告中涉及了一种非常重要的价值判断,就是善与恶的判断。在李校长的报告中,凸显出来的是如果一个人只爱自己,那是一种恶;如果学会关爱他人,那就是一种善。李校长在他的校长生涯当中,将善这种价值观,将善这种精神,作为他建构学校文化的核心价值。这是值得我们思考的,这是第一点。第二点,在李校长的报告以及他的书面材料中,他关于爱的理念的阐述更是已经达到了 27 个,这给我们一个启示。什么启示呢？当我们在关注我们学校的文化建设以及我们的理念建构过程当中,我们可以开展叙事研究。李校长就通过一个又一个非常具体的故事,这些故事包括六个元素,通过时间、地点、人物、事件、影响和价值来诠释他对爱的理念和价值的认识及实践。非常感谢李校长！我们中场休息 15 分钟,10 点 5 分请大家回到现场。同时,请我们的服务同志带领各位校长到楼下领照片。谢谢大家！

中场休息

主持人: 在上半场的报告中,李宏伟校长向我们诠释了他对爱的理解和实践。下半场我们主要看一看爱这种精神是如何推己及人的。下面,我们有请他的校友代表,新海高中 2009 年毕业生代表,现在在清华大学钱学森班就读的周炜嘉同学,好,请他上台。我们掌声欢迎。

周嘉炜: 首先更正一下,我叫周嘉炜。尊敬的各位校长,各位老师,大家好！今天我发言的题目是《爱至深，业至善》。我是2009届新海高中的毕业生，现就读于清华大学钱学森力学班，我叫周嘉炜。新中的校训是普爱·行健，这与清华大学自强不息、厚德载物的校训有惊人的契合。在清华，我经常会听到的口号是将自己的命运与祖国的命运紧密结合起来，或者是为了祖国健康工作五十年，而对于我，这话早已耳熟。因为它们并不只属于清华。早在新中的日子里，我们就已经在潜移默化中受到这样的熏陶。来到清华之后，过去积累下的严谨与求实又带着我向更高、更远的地方攀登。新中的一点一滴无不在为学子铺下未来发展的基石。在这里，我想借着李校长的论坛讲一讲新中的故事。

在新中，无论是在课堂教学中还是在课外生活中，我们不会看到老师只关心那些出类拔萃的学生，有时候正好相反，听话的学生不需要老师太多操心，更多的时候，老师会关注一些由于成绩、家庭或者其他原因在心理上有一些起伏的学生。记得在高三那段最紧张的时间里，班级里的同学因为繁多的考试出现了或多或少的焦虑，班主任董老师以及各科老师耐心地找我们一个个谈话，有时候一谈就是几个小时。这样细心的关爱，或多或少消除了每一个学生的恐慌，不仅解开了我们的心结，而且也带我们走出了一时的困惑。关爱每一个同学，让班级乃至学校这个大家庭拥有良好的氛围，使得每一个学生都能够健康地成长，是新中一贯的坚持。每学期初，多种多样的社团活动都开始活跃起来。尽管社团活动并不能直接带来高考分数的增加，但这是锻炼自我、培养个性以及自我发展过程中至关重要的环节。正因为这些活动，我们得以接触到更宽广的领域，在提升自我的同时，也结识了很多志同道合的朋友。我呢，是一个特别热爱计算机的孩子，我曾经主持过编程培训班，协助学校的计算机课老师在课余时间培养、安排一些喜欢编程的孩子们进行学习，而这些学生的班主任也都很支持。教了近一年，他们的水平也比起初有了很大的长进。他们那一年参加的江苏省信息学竞赛，成绩也比前一年好了许多。我相信，是一个宽松和鼓励自主发展的环境给了这些学生挑战难题、攀登自我高峰的机会。学校关注对学生每个成长阶段的引导，入学之初便让我们对高中生活开始有了些许鲜活的体会。还记得在曾经发的学生信息调研表格上清楚地写着我们自己梦想中的大学。我大言不惭地填着"清华"这个梦寐以求的地方。对于稍高年级的学生，学校会为他们提供海外交流的机会。在我还是新中学子的时候，就有不少学生通过省级、国家级的中学交流活动奔赴海外。他们各有所长，展现自我风采，体验异国风光。这样的活动在我毕业以后更加频繁。我曾经回校探望老师，主楼走廊两旁的海报贴满了学生丰富多彩的活动生活，连我都有些羡慕他们所拥有的成长环境。

寒假前后，由清华大学学生牵头的"情系母校"活动，集合了来自清华、北大、复旦、南大的新中毕业生。他们将自己的成长体会和大学生活带给学弟学妹们，既有对母校的感恩，也有对高三学子的激励。这种爱影响了每一个从新中毕业的清华人。每年开学初，来自新中的清华老生都会请新加入到清华园的新中学子小聚，老生寄语也已成为了一种惯例。我想，正是这种爱的循环，使我们能够披荆斩棘，一路向前，哪怕偶有风雨飘摇。清华、北大的录取通知书或许是许多学生梦寐以求的东西，但我想我们从未被强迫以此为目标投身到课本和习题集中。在新中，老师更多地则是关注我们的兴趣爱好，鼓励我们在擅长中不断探索。课堂内外，我们广泛地投身自己的兴趣，接触更宽广的世界。因此，在后来我参加清华大学保送生面试时，我已不是那个懵懂的初中生。高中三年的学习环境给了我很多新的思考，我是得益于数学竞赛的思维能力锻炼的，但我仍清晰地记得当年面试时面对“你怎么看现在如此盛行的奥数培训”这个问题，我的回答是学生们的兴趣不应该被强迫，不应随便把“爱好”强加到别人身上。爱学生，但不因此而拔苗助长；给一片自由呼吸的土壤，学生们才能在心灵的指引下走得更远。当然，我们也有被强迫的时候，那就是跑操。刚开始，学生们叫苦连天，但后来证明大家的身体素质在跑步中慢慢地提高。来到清华以后，每年一次的3000米测试，对我来说，已不再是难事，很多学生因为这个居全国高校之首的男生长跑距离而忧郁不已，而我则因早已养成跑步锻炼的习惯，轻松闯关。新中的体育长跑不仅带给了我们保持健康的良好习惯，也使我们能够顶住压力，走得更远。

知易而行难，新中没有局限于当下，没有执着于表面的业绩，也正因为此，我在清华能看到来自新中的健美操队员们，女孩们优美的身姿像天鹅般优雅。这一切恰恰体现了新中人正在绽放的五彩斑斓的人生。来新中上学的学生中有很多家在县区的住校生，有时过节来不及回家，老师总是会很热情地送上月饼、粽子等，或是带领他们组织一些有趣的活动，平日里紧张的教室在节日里也能够成为轻松愉快的地方。我们走读生也常常与住校生打成一片，钻进他们宿舍里谈天说地，我们是同学，也是亲密友善的大家庭成员。新中的普爱早已融进我们心中，即使是在清华，我也总是力所能及地贡献自己的一份力量。我参加了校志愿队，以服务的精神为更多的人提供帮助，我曾向游客们介绍清华的建筑和历史，作为志愿者为中国科技馆提供服务，也曾作为一个普普通通的大哥哥和那些不幸的孤儿们在一起，试着给他们带去家的温馨。那些过去播下的爱的种子，促使我努力奉献自己的力量，为更多的人提供帮助，期望世界更加美好、温暖。如今，从新中毕业已过去三个年头，看着一位位考进清华的新生，自己也进入了老生的行列，然而年龄在增加，对新中的回忆却未曾改变，大道无痕，普爱永存。每一个从新中走出来的人其实都是一家人，我们都在追求梦想的道路上不懈努力着，立凌云之志，行修远之路，入登高之境。这三句话分别写在高一、高二、高三三座教学楼上，这样高远的目标，在清华也一直引领着我不懈追求，激励着我参加校内外的各项赛事挑战自我。我在精于课本的同时，也积极主动地奔赴国外顶尖高校进行学术交流。我相信，这也是每一位新中学子心中的使命，普爱无疆，行健不息，我们和新中一起走在追求卓越的道路上。谢谢大家！

主持人：非常感谢周嘉炜同学的发言，他的发言给我们留下了非常重要的一个启示，那就是学校普爱精神传递到了他身上，他强调爱应该是循环的。当然，爱不仅应该是循环的，更重要的是爱应该是双向的，那么我们也希望周嘉炜同学能够把我们新海高中的普爱精神和我们清华大学自强不息、厚德载物这种精神结合起来，创造新的辉煌。我们学校的教育应该是学校、家庭和社会三位一体的结合，那么我们也想听听我们的家长代表是如何看待我们新海高中这种普爱教育价值观的。今天发言的是新海高中高三(24)班张文爽同学的家长张长松先生。好，我们掌声欢迎他上来。

张长松：各位专家、各位校长，我叫张长松，是新海高级中学高三(24)班学生张文爽的爸爸。我也是新海高中的一位老师，但是我今天是以学生家长的身份来与大家一起分享我孩子成长的经历。

2010 年 9 月，我家女儿凭自己的努力考进了新海高中。两年前她兴奋地领回录取通知书的样子还依然历历在目。弹指间，两年多过去了，现在她正坐在高三的教室里为明年的高考而努力着。新海高中的教育、普爱文化的熏陶，使她已出落成健康向上、乐观豁达的大姑娘了。每天，看着她满脸阳光地向我叙说着学校的新闻、班级的轶事，我就打心眼里感到欣慰。我要感谢回归大道的新海教育，给了孩子丰厚的知识涵养，我要感谢浸润人心的普爱文化，给了孩子一个快乐的生活环境，我更要感谢普爱传统给了孩子健康向上的心态。今天我就选取孩子成长的几个片段，与大家分享。

女儿上高中不久，她就给我写了一封信，而且是贴上邮票寄到家里来的，原来学校每年新生入学都要做这样的一个必修课，借着语文教材的相关课文，要求学生回忆自己的成长，给家长写一封信，表达自己的感恩之情，汇报自己的成长感悟。女儿在信里深情回忆了她记忆中让她感动的成长瞬间，表达了她的感激之情；叙述了她对高中生活的新奇认识，尤其是讲述了她对选修民族根校本课程、选报辩论社团的神往心情。第一次读女儿的信，我又是激动又是感动。激动的是我读到了她正在成长的心智与感恩的情感，感动的是学校针对特定学生群体用心设计的校本教育课程及综合实践活动，让我们的学生迅速找到了归属感和荣誉感，让她在民族根文化中懂得感受爱、珍惜爱，并满怀激情地投入到学习之中。

我家女儿，不爱运动，老是会感冒，进入新海高中后，她回家常常抱怨，学校每天上下午都跑操，累死了。我暗地里偷着乐，这不正好锻炼身体嘛，我于是跟她说，高中学习任务重，既是脑力的较量也是体力的较量，所以你要感谢学校这样负责的安排。高一一个学期坚持下来，我发现女儿的身体壮实了，感冒少了，她不再抱怨了，跑步已成了她生活的一部分。高一下学期，女儿带回一份征求意见函，函中说学校每年 5 月 4 日都要举行行健远足的极限拉练活动，时间为一上午，徒步行程约 16 公里。女儿很兴奋，我也签署了同意回执，但我深知这可是对意志的考验，我也希望女儿能经受这样的考验，可我又担心女儿不能完成这样的远足任务。那天，临近中午当学生队伍回校的时候，我偷偷地站在学校对面的路边看，当一队队一班班的学生举着班旗，高喊着口令雄赳赳地走进了校门，望着他们被汗水浸透了的后背，我的眼泪刷地流了下来。我没有看到我家的孩子，但我已看到了所有孩子们的坚强。

学校对学生的爱不应只是知识的传授和考试能力的训练，更应爱学生的每一方面，关心意志培养，关注身体健康，关爱生命体验。我真的感谢新海高中开展这样的活动，它使我看到了孩子们的潜力，使我看到了我从未曾看到的孩子的另一面。

我家女儿自称双面胶，一面粘着我，一面粘着她妈，我一直忧心：她这样娇惯，这样的孩子面对高强度的高中学习，面对成人化的高中人际关系，如何能应付得了？可是上了高中不久，我就发现，女儿这帮孩子一上高中就跟老师们"铁"上了，回家一口一个"斌哥""庆哥""苏姐""何妈"地叫着。好家伙，连比我还大5岁的物理老师李庆她都叫哥，这可不跟我平辈了么！可她不管，说是全班全年级全校都这么叫的……有一天，她吃过饭就急匆匆地出门，我问怎么回事，她说他们的历史老师"芳姐"教6个班，嗓子都哑了，她很心疼，要给老师买喉宝含片。又过几天女儿又开始忙活了，原来英语老师"何妈"已到了退休年龄，终于叫"妈"了，因为她比我还大20岁，马上退休了。女儿组织全班同学每人照了一张照片，写上一句祝福的话，按座位表贴好，按秘密级文件形式制作成了军事地图《Map of Class 24》，并反复修改成了一段学生心声，写在地图上。为了搞好最后一课的欢送仪式，她竟然特地找任课老师调整了当天上午的课务，在班级的同学们不停地喊着"何妈"的声音里何老师哽咽地接过地图，一句话也说不出来。

事情就这样很平淡地过去了，可我却琢磨了很久。我感叹，过去师徒如父子、师道尊严的时代一去不复返了，新型的师生关系已经在新海的校园里蔚然而成了,我眼中一直还是娇生惯养的女儿也学会体贴照顾人了。这些平凡的小事折射出很多耐人寻味的东西。比如,表现了新一代学生那种自我主导意识的提升,他们不再认为自己是被动接受的服从者,而是与老师具有同等地位的个体。再比如,凸显了普爱教育下师生平等的教育理念,没有平等的学生观,教师就不会在学生头脑中形成"哥""姐"的形象。又比如,普爱教育下的教师不再与学生有不可跨越的鸿沟,而是发自内心的亲和,学生就是在这样放松亲切的环境下成长成人。还比如,普爱不但让教师以尊重学生的方式爱护学生,还教会了学生如何去爱别人。这是最让人欣慰的事,我们都在强调给孩子爱,这些独生子女的孩子处于6个大人的关爱之中,他们得到的爱还不够吗?但他们当中有多少人能懂得爱,并心怀感恩之情呢?更不说让他们主动去爱别人了。令人欣喜的是,新海高中认识到了这一点,并且以她很有特色的普爱教育熏陶着我们的孩子。

2011年6月,女儿回家告诉我们说,暑期里学校准备组织一批学生到美国修学。新海高中有着开放的国际视野,这在苏北是很有声望的。这个消息女儿说得很平淡,却一下子打动了我。能让孩子见识感受一下国外的生活,是不可多得的机会啊。于是我们给孩子报了名。资格审查、办理护照、上海面签,直至登机起飞,每一步对我家女儿来说都是新奇的第一次。20天过去后,她风尘仆仆回到家,她那鲜活的经历与感受,好几天都没有讲完,而这些是在书本中在课堂上永远感受不到的。不是所有的学生都有这样的机会,不是所有的学校都有这样开放的胸襟,新海没有固守三尺讲台两支粉笔一方操场,而是大气地面向世界,努力去培养合格的世界公民。

以上只是孩子在高中成长过程中的几个事例而已。家庭教育只能教给孩子一些基本的人文常识,而良好的学校教育必将给孩子打上鲜亮的人生底色。我庆幸,我家孩子能在新海这样优秀的环境里生活;我欣慰,我家孩子能在普爱的文化浸润下成长。新海的普爱给了孩子厚实的人文积淀,普爱的光辉引领了孩子前进的方向,有这样的高中教育,相信他们的青春应该不会有所遗憾。谢谢大家!

主持人:非常感谢张长松先生对于普爱文化的一种理解。在他的发言中,我认为普爱文化应该包括这几种含义。第一,爱是一种心态;第二,爱是一种温暖;第三,所谓的爱应该是感恩所有;第四,应该是珍惜当下。这就是我们家长对于普爱文化的理解。下面我们请新海高中高二(2)班的耿子凡同学发言,我们看他在学校是如何来理解这种普爱精神的。好,我们掌声欢迎他。

耿子凡:尊敬的各位校长、领导,大家好,我是江苏省新海高级中学高二(2)班的学生耿子凡,非常荣幸能代表新海高级中学全体学生站在这里,与大家分享我在新海高中爱的体验,表达我对学校的感激之情。

一年前,当我初次踏进新海高中的时候,学校"普爱·行健"的办学理念,老师温馨和煦的微笑面容和独具特色的教学模式,以及注重素质发展的多彩校园文化,已经让我感受到爱的温暖。至今我还记得刚入学时参观校史馆的情景,新海八十二年的历史,薪火相继,如画如歌。新海的历史,就是一部普爱教育的历史。"来到新海,就是来到了爱的世界。"这是我们这些初踏入新海的学子切身的感受。

在新海一年多的时间里,我在这个宽松而又有序、和谐而又严谨的教育环境中学会了如何学习、如何做事、如何做人。我们敬爱的老师,以他们奉献的敬业精神和高尚的职业道德,如阳光雨露般潜移默化地滋润着我们的心田,他们父母般的爱心、无私忘我的奉献,不仅为我们传道、授业、解惑，而且感化、影响和教育着我们成人。在新海，我们不仅夯实了学业基础，而且自身不断成长并找到了未来奋斗的方向，是老师们用心血和汗水托起了我们心中的梦想。

是新海的普爱精神教会了我们什么是爱，如何去爱。

首先，普爱教育让我们懂得了爱就是对自我的正确认识，要学会爱惜自己，悦纳自己。

我们班有一位同学，他的父亲在两年前抛弃了他和他的妈妈。每当看到别的同学的父亲对孩子嘘寒问暖，他都是背过身去默默地揉揉眼睛。班主任老师及时察觉到他的失落，及时地了解情况，而且还主动联系他的妈妈，从各个方面安慰他，鼓励他，并动员全班同学给予他更多的关爱和帮助。学校知道了他家的情况后，更是毫不犹豫地将国家助学金的名额给了他，使他没有后顾之忧地全身心投入到学习之中。可以说，是老师和学校的关心，帮助那位同学走出了心理阴霾。

我本人对于爱的体验更为真切。进入高中后，由于很多方面因素的影响，初上高中时我的成绩大幅退步，我十分迷茫，甚至开始怀疑自己。各科老师及时与我交流，帮助我调整学习方法，鼓励我不要灰心，教我树立良好的心态。在老师的悉心指导下，不仅我的学习成绩开始逐步回升，而且各个方面都取得了长足的进步。我多次代表学校参加各类比赛，并取得了不错的成绩。参加生物和化学奥林匹克竞赛，我都获得了江苏省一等奖。我感谢我的老师、我的学校帮助我重新树立起起航的风帆。

我们李校长经常说："每个学生都像一个含苞待放的花蕾，他们的健康成长需要雨露的浇灌，更需要阳光的照耀。"是啊，老师们是这样说的，更是这样做的。"团团哥、苏姐、陆西西、老潘"，这一个个我们对老师亲切的称呼，正是老师对我们关爱有加、亲密无间的真实写照。师爱就是温暖的阳光，给学生一种伟大而又神奇的力量，让我们充满理想和信心地走向成功的彼岸。新海高中的老师让我们感受到爱，懂得了爱，知道了爱首先就是正确认识自我，爱惜自己，悦纳自己。

其次，普爱教育让我们懂得了爱需要储存能量，需要发展自我，需要提升爱的能力。

在新海，分数不是衡量学生的唯一标准，还有着百花齐放的校园特色活动、五彩缤纷的校本选修课程和异彩纷呈的国际交流。

校园艺术节、体育节、科技节、读书节，每个节日都成为我们的期待；行健远足、课本剧、英语短剧、演讲比赛、篮球排球比赛，每个活动都成为我们展示才能的舞台。

苍梧文学社、合唱团、乐器队、摄影和动漫协会、英语社、诗社、朗诵社、辩论队、形体社、街舞社、手工社、话剧社、家政社等百余个社团，为我们的个性和特长发展创设了足够的空间。

在新海，学校为我们开设了百余门选修课程，并建立了学生自主选课网络平台，供学生自主选择课程；学校还打破原有的班级，根据我们选修的情况编班教学。学校尊重我们对文理科学习的选择，尊重我们对校本选修课程的选择，尊重我们对体育选修的选择。这样，不仅培养了我们的自主精神，而且促进了我们对于所选科目学习的主动性和自觉性，使我们的个人兴趣和学科特长得到了充分的发展。

在新海，学校还通过“国际班”“模拟联合国”“出国游学”等方式，为我们提供国际交流的机会。日益紧密的国际交流，不仅让我们亲身感受到异域文化的精彩，而且大大拓宽了我们的国际视野。

特色活动、社团活动、校本课程、国际交流，不仅有效培养了我们的社会责任感和普爱精神，而且使我们拥有了健全的人格、创新的精神、实践的能力和终身学习的素养。

新海高中让我们得到了充分发展，储存了爱的能量，具有了爱的能力。

第三，普爱教育让我们懂得了爱就是对他人的主动关心，要学会关爱他人，关爱社会。

我们班有一位同学摔伤了腿不能来校上课，同学们就自发地去医院看望，并轮流为他补课，使这位同学在养病期间没有落下功课。而我们在这个过程中更感觉到集体的温暖和力量，班级的凝聚力空前提高。

今年的教师节，我们班在讨论如何为老师庆祝节日时，大家想出了许多温暖而又充满爱心的好主意，如给体质弱的苏老师做一些粉笔帽，让她少吃粉笔灰，保护身体健康；给上课总是激情澎湃、声音洪亮的潘老师在讲台上准备一个水杯，让他在课间能够喝一杯水……这一个个小小的礼物，让老师们脸上的笑容更加灿烂。

听说特殊学校的孩子们急需铜版纸，于是由学生会发起倡议，为市聋哑学校捐献挂历。同学们将家中的各种挂历全部搜集来，很快就收到了上千份铜版纸挂历。学校还帮助我们和那些聋哑儿、智障儿结成朋友，经常组织我们去特殊学校、福利院、敬老院开展活动。学生会以图书义卖、交一次特殊团费、少喝一杯饮料献一份爱心为主题定期开展捐助活动。我们愿以这些点滴的付出凝聚成爱心的彩虹，让暗淡的生命焕发出灿烂的生机。新海的普爱教育，让我们在感受爱的同时，学会传递爱，学会用爱心点燃更多爱心。我们用实践诠释着普爱精神。在帮助他人的同时，我们也收获了快乐。我们怀着一颗感恩的心学习、工作、生活，普爱教育教会我们去爱他人，爱社会，爱国家，爱一切。

在新海，我们深刻感受到：每一个学生都是世界上独一无二的个体，每一个学生都存在着独特的生命内涵和成长节奏。就像印度诗人泰戈尔说:“让我的爱像阳光一样包围着你,而又给你光辉灿烂的自由。”老师们通过言传身教,将一腔普爱之心深深地熔铸进我们的心田,使我们受用终身。普爱之光遍洒了我们的校园,校园内到处闪耀着普爱的光芒。

我们秉承普爱精神,普爱生命,普爱自然,普爱世界,普爱万物。现在我们在学校,努力做到成绩优秀,能力出众;品学兼优,乐观向上;关心集体,尊敬师长。将来我们在社会,一定能团结友善,乐于奉献;脚踏实地,勤于实践;开拓进取,勇于创新。

“爱”——将永远像阳光一样包围着我们,如影随形,绵绵不绝。

主持人: 非常感谢我们高大、帅气、阳光的耿子凡同学。耿子凡同学从他自身对普爱的感悟中给了我们很多信息。在耿子凡同学看来,爱是什么?爱是一种和谐,在他看来,这种和谐又包括这么几个层次。第一,珍爱自己,尊重生命。第二,关怀他人,尊重他人。第三,关怀社会,贡献社会。我想这是他对于爱的一个感悟。根据我们大会的议程,今天我们已经聆听完李校长对于爱的理念的诠释,以及我们亲友团对于爱的一种回应。下面我们进入互动交流的环节。我相信,听完这些报告会引发我们很多的思考。下面我们就以最热烈的掌声欢迎李宏伟校长回到主席台回答大家的问题。

(李校长上台。)

问: 我来自河北唐山开滦一中(张丽钧)。李校长,非常感谢您给我们带来一场非常精彩的报告。通过刚才聆听您的报告以及亲友团的发言,我们知道,您的学校是一个充满爱的学校,而且我们听到了您的学校有普爱的纵向传承,比如说普爱校歌的一代代传唱,以及普爱讲座的爱的蔓延;比如说您把这种爱带到了社区。这些呢都让我们在座的每一个人感受到了爱的深沉。我的问题其实也不仅仅是我个人的问题，因为在您的报告当中呢，我听到大家在您演讲到100页(论坛汇编本)的时候，有的人就在下面有议论，所以，我代表大家问您，就爱有的时候是一种责任是一种担当，您提到了田佳佳的事例。它发生在6年前。在6年的过程当中，您在一直不断地回味，那么我的问题就是6年后的今天，您还认为您当初做出的选择是唯一的选择吗？另外在这6年当中，听没听到过不同的声音？谢谢。

李校长：我也有感觉，刚才我在介绍到这个事情的时候，底下有很多校长也在交谈这件事，所以我也隐隐感觉到这可能是一个很敏感的话题。应该说在2006年这件事发生之后，确实在社会上、在校园内外引起了强烈的反响，当然我也理解张校长的意思，您谈爱，首先应该是对生命的尊重。那么您对这种事情，到底是在爱还是一种残忍？估计张校长应该是这个意思。

我的理解是这样的。我们的主题、我们的理念是对生命的尊重，但是当时就必须做出决定的这一突发事件是：他的父亲带着他的母亲骑摩托车与货车相撞，当他的父亲当场死亡，回力无天的时候；当他的母亲在重症病房无法与亲人相见的时候，当我们感觉到必须做出这样一种取舍的时候，我们倒希望学生可以面对这样一个现实，理智地、理性地处理好这个突发事件。另外，作为他的父母亲，应该说这么多年的辛苦劳作就是为了他的孩子能长大成人，或者说他们也希望孩子能用优异的高考成绩来回报父母亲对他的爱。那么，在这样一种情况下，我们认为应该为孩子保守秘密。当然，我们的前提是必须跟他的奶奶、跟他的舅舅、跟他的叔叔共同商定以后才做出决定。事后发生的情况刚才我也向大家做了报告。当田佳佳进入高校之后，实际上在进高校之前，他的叔叔还带着他将锦旗专门送到学校,向学校表示感谢,并且在晨会上他的叔叔还有他本人也发表了一些讲话来感谢学校。大学毕业以后,他作为国防生到空军基地去实习,这么多年来,无论是过年、过节他都会给我寄来贺卡,遇有节假日回家,他都会到学校来看望我。这个是一直坚持到现在的。平时学校里也经常会发生上课时间学生的父母亲或者是爷爷奶奶突然到了弥留之际,家人打电话来要求学生能去看望一眼,像这种情况我们都会极力地处理好,甚至有一些家长来不及接送,学校都会尽快派车把我们的学生送去家里或者医院,去看上老人最后一眼。我不知道我这样一个答复张校长是否满意。

主持人:确实,这种做法是非常有争议的。作为主持人,我想起北京大学的钱教授说过的一个观点。他说,知识界有三条底线:第一,做人要说真话;第二,当外界环境抱怨的时候,我们不能说真话就保持沉默;第三,可以说假话或者是善意的谎言,但是前提是不能加害于人、落井下石。我想李校长当年的决定是不是基于这种思考或者判断。在最近,我有一个朋友,他的一个哥哥过世了,但是他们在处理这件事情的时候,并没有把这件事情报告给他们的父母,到现在,他们的父母依然不知道这件事,我想这可能也是我们现实当中爱的一种纠结吧。

问:我是优研班三期的学员。来自安徽省安庆一中(沈波)。刚才我们宏伟校长以大道普爱为题,给我们阐发了他的办学教育思想。那么,我想爱是我们教育的一个永恒的话题,对我们教育人,爱是一个历久弥新的话题。在宏伟校长一个个生动感人的事例中,他讲述了学校是如何在普爱教育思想下践行办学的。那么我接下来这个问题就是宏伟校长在起初,就是在刚刚一开始是如何处理普爱与学校教育文化的建构的,我就是这样一个问题。谢谢。

李校长：关于普爱思想的内涵，我前面在汇报的时候都已经给大家讲了。我们这位校长提出来的是如何处理好普爱与学校精神文化构建的关系。我认为，学校的精神文化是学校的文化层次当中最精髓、最主要的部分，也是一个最稳定的部分。我提炼的也是它的最稳定的部分，最精髓的部分。所以，我从对教育的本质的理解、新海高中的办学历史，以及这么多年来践行的现状引发了这样的思考，提炼出了这个普爱文化。开头我也谈了，这个教育理念的主要内涵是普爱不偏爱，普爱不滥爱，普爱不溺爱。我所提出的普爱文化，实际上就是从回归最最根本的真、善、美三个维度或者三个层面上来表述。或者说这是一种普爱之真、普爱之善、普爱之美。所谓的这样一种普爱之真，主要是让师生在校园的活动中去体验世界，体会生活，让智慧在校园里面流动。所谓的这样一种善，我想它可以跟精神这种关键词联系起来，我们让师生在校园里追求普爱之善就是敞开精神世界，接纳理想的追求，重视相融相通。第三就是要培养出这样一种美，也是跟我们感受快乐，体验成功，在校园里面呈现的创新、创造的这样一种氛围有关系。所以我想从这样三个层面上来进行阐述。

问：谢谢主持人给我这样一个机会。我来自广西南宁（戴启猛）。今天真的是非常感动，非常激动。事实上我也是被宏伟校长这个普爱文化包围着。刚才宏伟校长用他 37 年前的普爱情缘，28 年构建的普爱教育思想，应该说为我们奉献了一场普爱盛宴，谢谢宏伟校长。我认为宏伟校长用这一个多小时的时间诠释的这个普爱思想事实上给了我们一个答案。我们都是走在寻求真教育和正教育之路上的。最让我感动的是李校长在整个报告中用了三十多个小故事让我们感受了他对普爱思想的理解。我想起了一句话，那就是做好了每一件简单的事那就不简单，做好了平凡的事其实就是不平凡。尤其是我在看到第 129 页这里面李校长提出了一个“感动新中人物”，对一位保洁人员的评价，我真的感动。我的问题也发自于此。在第104页中，我们李校长非常注重提升老师感受爱的能力、表达爱的能力和传承爱的能力，他提到了一个观点，这个观点也是我这几年一直思考的问题，所以我想在这个地方提出一个问题。学生虽然是一个个未成熟、发展中的个体，但他们仍然是一个个具有独特价值、完整意义上的人。那么，李校长提到一个“预备论”，这个论调抹杀了许多教育资源并且摧残儿童的心理，为强迫他们提前用忧郁和郁闷的眼神看待这个世界的做法提供了理论支持。我就是想请李校长回答一下，您能否就这种“预备论”，对您自己所持的观点以及理解做一个深入的阐述，谢谢！

李校长：谢谢。这个文稿里面提到对“预备论”的这种观点和看法，我记得好像是在倡导老师表达爱的能力当中提到，要求老师基于生活的实际和学生生活的实际来表达爱。我们倡导学生面向世界、面向未来，为未来做准备。我倒不是全盘否定这个观点，当然我也是为了基于学生生活的实际来表达这个意思并采用这样的一种表述方式。应该说这两个观点都有它合理的部分，都不能偏颇。就我现在这个话题来说，我们陈玉琨老师编纂的《卓越校长的追求》，好像在封底上的几个观点中也有这个意思。作为教育，不能让学生带着一种恐惧的心理走向未来。要让他们带着一种自信、一种信心去走向世界、走向未来。所以教育既要面向未来，也要看重学生的生活实际，所以我想这样一种观点的意思首先应该是关注学生的当下，然后再去着眼学生的未来，可能大概是这么一个意思。

主持人：好，各位校长，由于我们的时间非常有限，那么最后一个问题，我们请关校长（辽宁实验中学关俊奇）提问。

问：尊敬的陈主任，代主任，中心的各位老师，亲爱的校长同学们，刚才听了宏伟校长的主题思想汇报,大道普爱,应该说感触很深。宏伟校长,首先我作为同学向你表示祝贺,你从学生到老师到校长与普爱的结缘,尤其是在校长培训中心的提炼中,提炼了普爱教育思想,揭示了教育的原点在于爱,爱是教育的真正价值所在。另外,你阐述了普爱而不偏爱,我想针对你的“不偏爱”三个字谈一点我的理解。你在这个“不偏爱”中提出爱每一个学生,爱学生的每一个方面,爱学生发展过程的每一个阶段,用普爱的教育实现全方面育人。所以我说“不偏爱”三个字太高了,概括了三全育人,不知我的理解是否正确?谢谢。

主持人: 要回应吗?你是否正确?请你做解释。

李校长: 我同意关校长(辽宁实验中学关俊奇校长)的观点,他的观点我可能会在进一步修改文稿时有所借鉴。谢谢关校长。

主持人: 非常感谢我们李校长的回应,也非常感谢我们各位校长的热情参与,我想实际上连上帝也控制不了人的两件东西,第一是思想,第二是情感。那么,今天通过这样一个讨论,我想也丰富了我们作为校长、作为教育家的一种思想。当然思想是可以各自表述的,在各自表述的过程中我们需要的是多元共存。下面我们以最最热烈的掌声欢迎我们陈主任做最后的评点。

陈主任(教育部中学校长培训中心主任陈玉琨):尊敬的李宏伟校长,各位校长,各位同仁,今天李宏伟校长做了一个关于大道普爱的教育阐言,我们校友、家长、学生就各个方面对李宏伟校长的报告做了补充,给予佐证。对我们来说都很有启示。我想可以这样说,李宏伟校长的报告是相当具有理论深度的。爱、普爱,这个人类史上有多少哲学家、多少思想家研究讨论的问题,到今天也很难说每个人能真正地理解、真正地把握。没有一个人敢说我对爱是真正理解的。我想这是一个非常困难的命题。同样，在理论深度这个方面，它也是和实践紧密结合的。宏伟校长的这个报告也是以咱们新海中学的教育实践为基础的，所以宏伟校长的这个报告他底气很足。因为有着我们新海中学这样一个实践的支撑，并非只是闭门造车，凭着自己大脑拍出来的几个概念。宏伟校长今天的报告，在我看来也是非常全面的。洋洋洒洒四万余字，对爱的各个方面，普爱的含义特别是普爱的实践包括全面的爱、广泛的爱、有立场的爱、有原则的爱都作了非常深入的阐述，与此同时，它又是相当细致的。其中关于爱的表达、维护学生自尊的方式、悦纳世界的方式、给予生活实际的方式等，都很有思考。有些关于生命性、生活性、生存性、主体性的这些特征在校本课程中，他所考虑的在我看来也是非常细致的。所以我个人把这篇论文阅读了几遍。这个报告、这个方案是不是能够放进去，我在反复斟酌，我想我的观点不能代表宏伟的观点。所以这个报告是否还有新意，是否好像还有它存在的意义和价值来体现会议切身利益。我们陈立群（浙江省杭州学军中学）校长的教育思想也是爱与责任。爱与责任的含义是什么呢？仅仅有爱还派生不出全部的教育。教育的全部价值好像用爱来概括似乎还不行。这是他们的观点。我今天多了个观点，爱是真正教育的价值所在，教育就是讲爱，传播爱。所以我就在想爱的本义和爱的深层含义。爱是什么？打开电脑，在百度上去查一查，百度诠释很简单，爱是人类的感情。没有其他解释了，再查下去，爱是给予不求回报，这就是爱。在这个意义上，我想如果从爱的本义而言，它构成不了教育的本质，不能涵盖全部的教育价值。那么事实上呢，我想爱是深层的，爱可以派生出很多东西，爱可以包含很多东西。我想我们宏伟校长对这个问题也是有深入思考的。所以他会有爱学习、爱智慧、爱创造，能把爱担当、把责任、把创造、把你们要想讲的其他方面都涵盖在里面。那么为什么爱可以深层？

爱作为人类的一种情感,它有重要特征——爱的弥散性,爱的传播性,说到底,爱在量上的不守恒性。什么叫它的传递性?什么叫它的弥散性?什么叫做量上的不守恒性?相当于是我有一个苹果,给了你,不可能再生出第二个苹果,讲的是守恒性。爱不同,我给你一份爱,我同样还可以给王俭(中心老师)一份爱。我给老师一份爱,还可以给同学一份爱,甚至它可以被放大。我给了宏伟一份爱,给了王俭一份爱,他们回报我就产生了双倍的爱。我们可以将爱弥散到、传播到另外一方面,这个感情不仅是人和人之间的,还可以是人和自然之间的,所以有爱自然。因为爱自然,所以我们学会爱创造。在这个意义上,我想,把爱作为一个核心的概念来派生出其他似乎好像还说得过去。我们可以通过爱知识来强调所谓的对真理的追求,可以通过爱担当来强调一个人对责任的一种认识,通过强调爱美、强调爱健身来强调德智体美要全面发展,那似乎也能得到合理的解释。我想可能我们在考虑这些问题的时候要多考虑的是:爱是什么,爱能产生什么。我们要从爱的本质特征出发去理解这些问题,才能在教育与爱这个方向上把握得更为准确。这是我想讨论的第一点。

第二点,既然我们讲到爱能不能成为教育的原点,能不能构成教育全部的真正价值所在,那就必然要导致我们对第二个问题思考:爱的矛盾运动。从一个概念要衍生出一个学科的全部内容,从一个角度要衍生出我们生活的全部,它一定是依赖于矛盾运动才产生的。马克思从研究商品开始,提出商品是《资本论》的原点。为什么从商品能展开《资本论》呢?因为商品具有两重性,相互矛盾的两重性:使用价值和价值。当你用商品的时候你就考虑它的使用价值,它是否有用。我们卖出去的时候不考虑它能不能用,只要你能买。所以由价值与使用价值的矛盾,马克思从商品的二重性讲到劳动的二重性,再讲到资本的二重性,最终揭示了资本主义必然灭亡这样一种结论。那么我们讲教育呢？教育，我们通常的定义是人的社会化过程。而人是自然的，你父母生你、养你是自然的。你既没有知识，也没有生存的能力，所以需要教育。教育是把你从自然人转化为社会人的一种过程。教育的整个矛盾就是自然人和社会人的矛盾。而这些矛盾运动则组成了我们的教育。如果我们把爱作为整个教育的起点，用爱来揭示教育的全部价值，它的这个矛盾又在哪里？我想，爱的反面是不爱，爱的对立面是冷漠，爱的对立面是恨。这些矛盾运动是怎么产生的？它是怎么演变的？作为一个校长，宏伟的这个题目太重要了。没有爱就没有教育，这与“教育就是爱”是两个命题。我相信我们所有的校长都认可没有爱就没有教育，但是不是教育就是爱？这要斟酌。我估计这个问题大多数校长都会打问号，所以我们要讨论。在我看来，我前面讲的爱与不爱、爱与冷漠、爱与恨大概还构成不了这些矛盾运动。其实有时候我们用一个概念、谈一个关系的时候往往是想当然的，没有生活实据。作为校长，我们都是教育学生要爱自己，爱他人。其实在社会生活当中最难做到的就是把爱自己和爱他人在你身上同时实现。当你讲爱自己的时候，可能你就不会给予，可能你就会忽视他人，这是一个客观的事实。有人曾揭示过中国的文化，认为中国文化是一个圈子文化，西方文化是契约文化。圈子文化是什么含义呢？中国人是一个小圈子，是以家庭为圈子，然后扩展到朋友，扩展到社会。我打个比方，我口袋里有 1000 块钱，我会和我的家人来分享这 1000 块钱，这是因为我的家庭是我生活的一个延伸。然后往外面还可以再延伸。我可以借给张俊华 1000 块钱，和我家人是分享，和俊华是借贷。如果还有一个陌生的人找我，他有信誉或者有什么担保，要利用这 1000 块钱，要给我一年 10% 的利息，这个就不一样了。爱是什么？以我为中心，随着这个圈子的辐射，爱是在稀释的。稀释到最后，别人感受不到你的爱。这些矛盾可能就存在于我们社会生活中。其实还有爱享受和爱创造,在有些人身上又是相互矛盾的。爱享受和爱创造至少在我身上是能妥协的。写几篇论文,在计算机上敲敲键盘在我身上是很享受的,所以它必然导致爱创造,但是对大多数人来说,这是一种痛苦,是一种煎熬,这不是享受。那我想可能就引起我们进一步的深思。我们教育学生要爱自己,要珍惜生命,要感恩生活,要享受生活,又要讲爱他人、无私奉献,这在我们教育当中如何统一起来?在理论当中怎么来解释?回到前面我所讲的爱的重要特征:量上的不守恒性。其实量上的不守恒是有限制的。作为感情的爱,量不守恒,一旦涉及给予不要回报的爱,是守恒的。我们由于受到能力的限制,受到资源的限制,所以爱会成为稀缺资源。那我们今天也只能说是刚刚走出爱的缺乏、走进爱的苏醒这样一个年代。大家对这个社会不满,认为现在这个社会很冷漠,包括我们学校也如此冷漠,为什么?就是我前面讲的爱自己与爱他人、爱享受与爱创造,它们是相互矛盾的。我们宏伟校长对这些问题都做了一些探讨。我在前面讲了,爱确实是非常重要,也是非常难以回答的。实际上这是最常用的词也是最难解释的词,包括文化。文化是什么?我想到今天也没人能解释得清。爱比文化还要抽象,还要复杂,我们很难给它一个准确的定义。所以我们的宏伟校长对爱的矛盾运动在学校、在教育中是怎么变化的,都做了一个深入的研究。

第三,我想宏伟校长的报告给我们的一个启示或者我们需要讨论的是爱的应然与爱的实然。爱的应然就是爱应当是什么样子,实然就是爱的现实是什么样子。我们作为教育工作者,应当有自己的理解,包括对爱的理解,对普爱的理解,对博爱的理解。我们也要立足今天学校的实际、社会的实际,从学校的实际和社会的实际当中感知,揭示我们在爱的教育这些方面,现实究竟是如何的。从现实和理想的矛盾当中去找到、去发现爱的演变规律以及爱的最佳教育途径。让世界充满爱,这是大家的一个理想,我相信谁都在这样叫,谁都在这样喊。事实上有多少人是真正付诸行动的?所以按照我的理解,爱的这个情感,包括爱的意识,爱的能力,爱的行动都是相互联系在一起的。前面我讲现在的时代是缺乏爱的时代,最多说爱刚刚苏醒,所以我们讲爱自己与爱他人相矛盾。当然,我们宏伟前面讲了爱是有原则、有立场的。原则和立场究竟是什么,在我们现实当中能得到一种具体的表述。那具体生活中呢,表现有别于表述。大道普爱,全面的爱,在学校当中讲这句话似乎没问题,我想讲什么呢?你去爱野田,爱不爱?爱安倍?爱薄熙来?这个问题又讲不清楚了。现实还是有差异的,所以这个原则是什么?立场是什么?作为人类,解释得最根本,普爱,那是爱的原则、立场。那么把这应然的和实然的做一个更深入的表述就非常重要。我相信我也没讲清楚。很多哲学家、思想家都没讲清楚,凭我这个水平,凭我这个能力,我讲不清楚。反正我是感到这里似乎还有其他方面可提出来与我们宏伟校长还有其他各位校长来做进一步研究和进一步思考。

最后我想谈一个观点,与我们各位校长探讨。经过我们一个阶段的思想提炼,各位校长都提出了一些很好的教育思想,表现为前面五场教育讲演,精彩纷呈,我们感到收获良多。当然整个研究工作通过我们今天的报告,只是一个阶段,一个新的起点。有时候我们讲,我们的思想认识不断深化、升华有几个阶段。比如普爱,我们讲的只是我们懂的。我一直把我们的思想水平、认识水平简要地分成三个阶段:第一个是不懂,第二个是懂,第三个是通。通是把这个和那个联系起来,结合起来,知道这个对面是什么,相对的是什么,这个和那个是什么联系,通了以后就简化了。

前两天在上海市教育系统的学科讨论上,我说据我的判断我们现在的中学教师素养还不能令人满意。我们的教师为什么只能靠加班加点、加课补课来保证质量? 因为他没有头脑。如果原本100页的这本教材,最后学生考试的时候把它变成300页,那这个教师不是好教师。学生的课业负担过重源于我们教师的水平、学科素养太低。按照我的一个要求,一个教师拿着100页的这本教材去讲课,学习结束,学生留下了10页的笔记,这就简化了。到最后去参加考试,留下不满一页的摘要,你把这一页纸放进头脑,走进考场,非常沉着。我们处在哪个阶段,我想我们在座的各位校长各个不一样,有些处在正好走进懂的这个时期,有的已经超越了懂走向了通,我想没有人敢说自己是真正通的。我打一个比方,什么叫做简化? 初中数学有一个重要的单元叫平行线的判定原理,平行线的判定原理有几条啊? 我们数学教材、数学老师交代我们有三条:同位角相等,内错角相等,同旁内角相对互补。教材说有三条定理,我们老师说三条定理,这个是懂的。到高中老师如果他还这样讲,他就下台了,他是一个不合格的教师。这三条不是独立的,其实任何一条都构成了平行线的判定原理,另外两条可以导出来。同位角和内错角是对顶角,对顶角是相等的。所以一个教师只要能教会学生一条,记住一条就可以了,另外两条不要记,学生的能力就培养出来了。就是说你可以把三条定理简化为一条定理,那么我们的认识可能就更深了,我想我们的校长在我们的管理当中,在我们管理经验总结、管理理论提炼的过程当中,也是一种深入化的过程,大道事简,越简单的才越符合事物的本质规律。我提了那么多问题,说明我还没懂,还没通,期待着我们宏伟校长在今后的研究当中能把大道普爱这个重要的教育命题研究得更加明白,能使我们进入一个非常理解的更高境界。谢谢各位!(陈玉琨教授的点评是根据录音整理而成,

未经本人审阅）

主持人：请陈老师在台上留步一分钟。非常感谢我们陈教授，感谢陈老师对我们李宏伟校长独到的分析和精辟的评点。陈教授从他独特的视野当中诠释了他对爱的一个理解。在记录的过程中，我记录下来了六点什么是爱。在陈老师看来，第一，爱生命。第二，爱他人。第三，爱知识。第四，爱自由。第五，爱创造。第六，最重要的是爱担当。这是我们陈老师对于爱的理解，那么最后我想表达一个感谢，作为主持人。首先感谢我们李宏伟校长，感谢李宏伟校长他对爱的深刻的诠释。这种诠释应该说有理论的广度，更重要的是有实践的厚度。第二感谢我们亲友团，感谢我们亲友团的支持，我们亲友团从言语层面，从精神层面，更重要的是从行为层面对于我们教育的一种支持，我们教育是需要多元合力的。我们的教育只有合力，才能成功，才能创造辉煌。最后非常感谢我们陈老师对所有人精神和思考层的引领。让我们用掌声再次表达我们的感谢，好吗？最后，感谢我们所有校长的热情参与，我们今天上午李宏伟的教育思想论坛到此完结，午安，请我们各位校长下午两点半准时回到本现场。

附录（三）

围绕“普爱教育”主题已发表的部分论文目录

[01] 李宏伟. 传承普爱文化 促进高位发展[J]. 江苏教育,2010(06).

[02] 李宏伟. 行走在普爱教育的大道上[J]. 江苏教育,2012(02).

[03] 李宏伟. 大道普爱[J]. 江苏教育研究,2013(02).

[04] 李宏伟. 滋养创新品格,引领学校特色发展[J],江苏教育研究,2011(11).

[05] 李宏伟,李震. 主题文化:催生特色高中的文化制高点[J],中国教育学刊,2010(01).

[06] 李宏伟. 培育主题文化 构建学校特质[J]. 江苏教育研究,2010(05).

[07] 李宏伟. 生命课堂:师生共享的精神绿洲——我的课堂教学观[J],江苏教育研究,2010(05).

[08] 李宏伟. 高中校长的追求——做讲政治的教育家[J]. 江苏教育研究,2009(04).

[09] 李宏伟. 培育教师的普爱自觉. [N]. 江苏教育报,2013 年 1 月 30 日(3).

[10] 李宏伟. 梦想从新海启航. [N]. 江苏教育报,2013 年 8 月 9 日(6).

附录（四）

教育大业：我的追求　我的梦想

江苏省新海高级中学　李宏伟

每年教师节前夕，晚报的雪峰主任都要约我谈关于教育的话题。回忆起来，有关于学校的课程改革，有关于教师的职业幸福，也有关于学生的成长未来……其中，严肃话题、沉重话题、热点话题、难点话题，甚至是敏感话题，兼而有之。今年仍应他之约，我倒是想借此机会，跳脱出以往的框框谈得轻松些，说一说似乎与教育没有太直接关系的话题。

然而，这个话题于我却有着特别的涵义。因为，很多时候，我都觉得我与教育有着一种无法言说的缘分。

庆祝第29个教师节
老师好
教育大业
我的追求　我的梦想

所谓天、地、君、亲、师，教师自古以来便被人们作为知识与文化传授者的象征加以尊重。今年是新中国的第29个教师节，之所以强调“新中国”，只是想说明新中国成立前我国也曾有过教师节之说，似是每年的6月6日，但因时局动荡并未一直坚持下来。新中国成立后，特别是自从党的十一届三中全会拨乱反正之后，经众多教育专家、大师和社会名流在全国政协提议，以及1985年1月全国人大常委会上再次

提出议案,国家最终确定了每年9月10日为教师节。1985年9月10为新中国的第一个教师节。而那一年正好是我回到母校走上讲台,工作满一年之时。当时,我带三个班物理课,兼一个班的班主任工作,我比所教的学生也就大四五岁,后来我的那批老学生常说,我们都是六零后呀!那时,工作虽然很辛苦但也很充实,很快乐!特别是让我发现,今后,国家庆祝多少个教师节的到来,就将是我从事教育工作的多少年,好像教师节就是为我而设的一样,我因教师节而生,是真有一种特别的幸福和自豪感。所以,每次教师节的来临,对于我来说,都意味教育生涯的一个节点的来临,一个阶段的反省,一个脚印的落实。这是一种机缘巧合,也注定了我与教育事业、教师职业今生有缘。

这份缘,根植于骨,根植于心,根植于29年来与新海的共同成长。29年来,我从新海的一名杏坛新丁成长为一名土著的校长,从教学一线阵地走到勾画蓝图的管理岗位,从新海文脉的濡染者成为新海薪火的传承者,一步步走来,虽是鲜花、荆棘满途,却未觉时光飞逝。当雪峰主任邀稿第29个教师节时，方才惊觉29年时光如白驹过隙，心中感慨。

这份感慨源自两个方面：一是时光匆匆，明年我就是有30年教龄的老教师了，也可以接过国家颁发的“从事教育30年的荣誉证书”。但是在我心里，我一直自认为还是一名青年教师，还“很稚嫩”，还需要在教育这条小至关乎一个家庭，大至关系国家民族未来的事业上继续“摸爬滚打”，修练自身。二是为自己能够参与和担当母校日新月异的发展颇感欣慰。我从1984年大学毕业回到母校任教开始，亲历了不同历史时期学校的沿革变化。自从2004年回母校担任校长以来，我从学校八十余年的办学历史入手，深挖文脉，逐步凝炼出普爱教育理念，大力推进人才建设工程，收获丰厚。作为新海普爱教育梦的构筑者、建设者、参与者，我的心已经深深根植于新海这方沃土，我的教育梦想正在新海绽蕊吐艳。多年来，虽也时常因工作的疲惫而慨叹甚至想停下来就此歇歇了，但因对教育和母校的深爱，翌日天明又背起行囊阔步在寻梦、追梦和圆梦的路上。

白云苍狗，岁月匆匆。29年来，我的青春梦想在新海逐渐成真，我的成熟成长与新海密不可分，我的每一步前行都与新海深深地联系在一起。忙碌闲暇之余，漫步校园，脑海中会浮现在“解放西路99号”的新海旧址时一进门分列东西的三排12口大平房教室，雄踞中央的24口三层教学楼，南操场，小农场，小工厂……求学、工作、生活的点点滴滴，仿佛就在眼前。那些年的孜孜不倦、欢声笑语、秉烛夜谈，心中最仰慕的是那些伴我成长的师长们。时至今日，我还觉得离不开当年那些年富力强、充满朝气、学高品高、夹着南腔北调的三四十岁恩师的关爱和引导，永远难以忘怀。

新海就是一片育英涵华的沃土，我们每个人年少时是一棵绿苗，在新海的荫庇和师长的护佑下，成才成长；壮年时则是一棵成树，荫庇青年后来居上。回想培育我的恩师,29 年,我从幼苗成长为新树,我从当年仰头看您的小树长大成了您。学校迁建已 12 年,在新的征程上,我们还该为普爱的传承和新海的坚守不停地奔跑。

薪火相传,新海就是这样一片土地。真是我因教师节而生,只为教育大业而来。

(引自 2013 年 9 月 6 日《苍梧晚报》)

后 记

1992 年,在我走上教师岗位 8 年后,年仅 29 岁的我被组织上从江苏省新海中学教导处副主任岗位调至另一所省重点中学——江苏省海州中学担任主管教学的副校长,从此走上了校级管理岗位。在那里,我曾担任 9 年副校长,2001 年起开始担任校长。2004 年市委又将我调回江苏省新海高级中学任校长至今,一晃,十年又过去了。

这期间,我一边工作一边参加省、市各种规模和多层次的校长研训。直到 2009 年,我感觉到我的校长岗位研训进入了提炼与升华期,有许多机会接踵而来,使我更加体会到把校长作为一种专业化的职业,这几年的学习、研修是多么的重要和必要。

这段时间有三项高规格高层次的研训值得我记忆和回忆。

一是 2009 年 10 月,经省、市教育行政部门推荐,我有幸参加了在华东师范大学教育部中学校长培训中心举办的第 38 期全国高中校长研修班,来自全国各地的 43 名校长齐聚华东师大丽娃河畔进行了为期三个月的学习,千载难逢,受益匪浅。

二是 2009 年 12 月 30 日,省教育厅在南京正式启动"江苏省人民教育家培养工程",作为全省首批 50 名培养对象之一的我,与全省其他 10 位中学校长将经受为期五年的培养。

三是 2011 年 6 月,经教育部中学校长培训中心遴选,我又有幸成为第三期全国优秀中学校长高级研究班的 34 名学员之一,以凝炼教育思想为主要内容的研修历经近三年的时间,曾有过凤凰涅槃之感。

这三项研修与培养的共同目标之一是要通过专家引领、同伴互助和自我反思，来总结自己的教育追求和办学实践，凝炼出自己的教育思想。

在这五年里，我主要围绕这一主题在工作着。感谢我的导师陈玉琨教授，感谢在“校长中心”研修时我的班主任刘莉莉博士、沈玉顺博士，感谢“校长中心”曾经的常务副主任、现今的主任代蕊华教授，感谢省海州高中的周艳校长，感谢“校长中心”的邓睿博士（我校2001届校友）在写作中给予我的极大支持。感谢“江苏省人民教育家培养工程”培养对象中学校长组的袁振国、宋永忠、龚放、胡百良等导师们的亲切教诲。

在教育思想的凝炼和写作中，还引用了不少文章和图片，大多都作了标注，在此，也一并致谢。我还得到了学校同仁——张勇副校长、李震教授，吴海军、张长松、张团思、武兴华、马杰等老师的鼎力相助。《苍梧晚报》的谈虹总编、王雪峰主任、刘钧主任等，也一直在陪伴我、鼓励着我完成此项工程。

在完成此书写作之时，我主持的全国教育科学规划教育部重点课题《民族根文化和特色高中构建之研究》（课题批准号GHB0093204）即将结题，此书的出版也算是这一课题的成果之一吧。我的研究成果《“普爱”教育的核心价值与实践路径研究》也荣获了2013年江苏省教学成果二等奖。

2012年11月，教育部校长培训中心为我在西安成功举办了“李宏伟教育思想研讨会”。在这个基础上，我和我的同伴们、同仁们又用了一年的时间，丰富了《大道普爱》的主题内容。明年，正是我大学毕业30周年和从事教育事业30周年的纪念之年。在这个时候，我的这本书得以出版，真有难得而独特的纪念意义。

同时，也要感谢我的母校——苏州大学所属出版社的刘海老师为我此书的问世给予的大力支持和帮助。实际上，还有很多很多我要感谢的亲人、朋友，在此请恕我无法一一列出，我将永远珍藏这一份份充满真情的爱。

李宏伟

2013 年 10 月 27 日于新海高中